D0725923

LAMENTATIONS
suivies de
HISTOIRE DE MES MALHEURS
et de la
CORRESPONDANCE AVEC HÉLOÏSE

Histoire de mes malheurs et la *Correspondance avec Héloïse*
ont été publiés en 1979 par UGE, 10/18 sous le titre *Correspondance*

© ACTES SUD, 1992, 2008
pour la traduction française et la présentation
ISBN 978-2-7427-7671-9

Illustration de couverture :
Enluminure de Robinet Testard
Bibliothèque nationale, Paris

PIERRE ABÉLARD

LAMENTATIONS

HISTOIRE
DE MES MALHEURS

CORRESPONDANCE
AVEC HÉLOÏSE

traduit du latin et présenté
par Paul Zumthor

note musicologique de
Gérard Le Vot

BABEL

LES LAMENTATIONS
(PLANCTUS)

PRÉFACE

Abélard : pour les historiens de la philosophie, précurseur des méthodes critiques modernes ; pour ceux des mentalités, premier intellectuel de type citadin, individualiste, lié à un milieu social où commence à s'imposer le primat des valeurs économiques ; dans notre légendier érotique, malheureux amant d'Héloïse... Images d'Epinal, où les contrastes de couleurs l'emportent sur la précision des contours. Reste une zone d'ombre, où se dissimule à demi le poète.

Vers 1130, alors qu'il atteignait la cinquantaine – la vieillesse, en ce temps-là –, Abélard entreprit de faire, sous la forme conventionnelle d'une "lettre à un ami", le récit de sa vie. Le texte, connu sous le titre d'*Historia calamitatum* ("Histoire de mes malheurs"), inaugure, huit siècles après les *Confessions* de saint Augustin, la tradition européenne de l'autobiographie. Par plusieurs aspects étonnamment adapté à nos propres modes de perception et de pensée, il témoigne à la fois de la complexité d'un caractère, batailleur, ambitieux mais très sensible, d'une extrême acuité d'intelligence et de quelque aveuglement sur soi-même ; de la profondeur aussi où la rencontre d'Héloïse et la liaison qui suivit purent marquer une vie.

A l'arrière-plan de cette chronique personnelle se dessine allusivement le tableau de l'une des périodes les plus riches et contrastées du Moyen Age. Laon, dans les années mêmes où Abélard y achevait sa formation philosophique, fut le théâtre de la première et peut-être de la plus violente des révolutions communales ; à Paris, à Saint-Denis, au Paraclet, le jeune professeur, puis l'homme mûr soucieux de solitude, fréquenta un milieu proche de la cour capétienne, d'ores et déjà engagée dans la grande aventure monarchique, mais aussi la cour comtale de Champagne, l'un des ultimes refuges de la puissance féodale. Son hostilité envers saint Bernard, son amitié pour Pierre le Vénérable, abbé de Cluny, engagent Abélard vieillissant dans l'autre grande aventure de l'expansion du monachisme latin jusqu'aux confins de la Russie et de Byzance. Lui-même songe à s'exiler en terre "infidèle" (sans doute dans l'Orient conquis par les croisés)… et le dernier ouvrage, qu'en mourant il laissera inachevé, disserte du judaïsme et de l'islam.

L'authenticité, il est vrai, de l'*Historia* a été mise en doute, et le soupçon subsiste, qu'une main étrangère l'ait, au moins, remaniée. Pourtant, supposé même qu'elle comporte une part de fiction, elle n'en constituerait peut-être qu'une meilleure introduction à l'œuvre poétique d'Abélard. Je me contente ici de renvoyer à la traduction que j'en donne dans ce volume.

Les pages de l'*Historia* où sont évoqués les débuts de la liaison avec Héloïse signalent, comme en passant, qu'Abélard fut poète et musicien, de large renommée : "Si je parvenais à écrire quelque pièce de vers, elle m'était dictée par l'amour, non par la philosophie. Dans plusieurs provinces, vous le savez, on entend souvent, aujourd'hui encore, d'autres amants chanter mes vers." Plus explicite, la lettre par laquelle Héloïse réagit à la lecture de l'*Historia* : "Tu possédais deux talents, entre tous, capables de séduire le cœur d'une femme : celui de faire des vers et celui de chanter… Tu leur dois d'avoir composé, sur des mélodies et des rythmes amoureux, tant de chansons dont la beauté poétique et musicale connut un succès public et répandit universellement ton nom. Les illettrés mêmes, incapables d'en comprendre le texte, les retenaient (…) grâce à la douceur de leur mélodie… Et, comme la plupart de ces chansons célébraient nos amours, bientôt mon nom se répandit en maintes contrées…" Et, plus loin : "Tes chansons mettaient sans cesse sur toutes les lèvres le nom d'Héloïse. Les places publiques, les demeures privées en retentissaient."

L'existence d'une œuvre poétique d'Abélard ne semble donc pas soulever de doute. Mais où la trouver ? Depuis plus d'un siècle bien des érudits sont partis en quête. Les résultats ne laissent pas de décevoir. Une question préalable demeure insoluble : les "chansons" en question furent-elles composées en latin ou en français ? On inclinerait à penser qu'elles le furent en français, si vraiment leur popularité fut telle que le disent les anciens amants. Mais peut-être leurs souvenirs (qu'aucun autre document ne confirme) concernent-ils un milieu bien délimité, celui des clercs instruits, citadins ou nomades, tels ces Goliards auxquels nous devons la partie la plus originale de la poésie latine des XIIe et XIIIe siècles. Aucun manuscrit ne nous a transmis sous le nom d'Abélard de poème autre que latin. Parmi les médiévistes, les uns, comme F. Raby, en conclurent que jamais Abélard ne poétisa en langue vulgaire ; d'autres, comme G. Vecchi, que ses poèmes français ont été perdus. Cette dernière hypothèse, que rien du reste n'étaie, est séduisante. Abélard était un peu plus jeune que le plus ancien troubadour connu ; il fut contemporain de Jaufré Rudel, chantre de la Princesse Lointaine ; et de deux générations plus âgé que les premiers "trouvères", imitateurs en français de ces grands modèles occitans. D'où la suggestion de H. Spanke, favorablement accueillie par M. Huglo : Abélard – originaire d'une région culturellement frontière entre l'Occitanie et la France royale – n'aurait-il pas été l'introducteur, au nord de la Loire, de la poésie de la *fine amour*, justement nommée le "grand chant courtois" ? A moins d'une imprévisible découverte, nous n'en saurons pas davantage.

Heurtant de ce côté un mur sans faille, les chercheurs ont eu plus de chance sur la piste latine… encore que les scribes médiévaux compliquent singulièrement nos tâches critiques, par la négligence avec laquelle ils confondent, omettent ou déforment les noms d'auteurs, indifférents qu'ils sont à toute idée de propriété littéraire ! Force nous est de recourir à d'autres critères d'attribution : externes, tels que la provenance et l'histoire des manuscrits, ou internes, comme les caractères stylistiques. Critères toujours contestables et qui rarement font l'unanimité. On peut, me semble-t-il, trier en trois lots les nombreux poèmes où divers spécialistes ont cru reconnaître la main et le talent d'Abélard :

– attributions douteuses et, selon moi, très improbables ;

– attributions vraisemblables, mais non prouvées ;

– attributions certaines, enfin.

Je ne signale le premier lot que pour mémoire : il réunit une trentaine de pièces, souvent très belles et dont un admirateur d'Abélard souhaiterait qu'elles fussent de lui ! Ainsi, les numéros 151, 165 et 168 de la collection bien connue des *Carmina Burana* ; et les poèmes lyriques, en majorité érotiques, de la "Collection Arundel". Quant au second lot, il se réduit à un seul poème, assez intéressant à plusieurs titres pour que je le joigne à cette édition. Cette *Plainte amoureuse* anonyme fut découverte en 1911, dans un manuscrit copié en France au XIIIe siècle, par W. Meyer qui n'hésita

13

pas à l'attribuer à Abélard. Quoique dépourvue de mélodie (ce qui ne signifie point qu'elle n'était pas destinée au chant), elle s'apparente par la structure, la versification, le vocabulaire, le thème même, étroitement aux lamentations bibliques à la suite desquelles je la range : des rappels textuels précis l'attachent en particulier à la *Plainte de David sur Saül et Jonathan*. On a cru y discerner toutefois, relativement à l'ensemble de la poésie latine du XIIᵉ siècle, des traits d'archaïsme ; aussi plusieurs critiques penchèrent-ils à voir dans ce texte soit l'œuvre d'un prédécesseur (ou d'un disciple) d'Abélard, soit un essai de jeunesse. Les réminiscences classiques dont il est tissu, Virgile, Horace, Stace, Ovide, sentent de près leurs années d'école. Il n'est donc pas impossible, quoique improuvable, que nous ayons là une composition originale d'Abélard. S'il était établi qu'elle ne lui appartient pas, elle n'en serait pas moins représentative d'un genre et d'un style en vogue dans le milieu qu'il fréquenta au cours de ses années d'études et de professorat.

Le texte publié par W. Meyer comporte une obscurité : la première personne qui intervient à la quatrième strophe *(j'échappai)* détonne dans un contexte presque entièrement mythologique : est-ce une intervention d'auteur, évoquant de manière autobiographique son propre cas, dont le reste n'est que commentaire illustratif ? Il serait aisé dès lors d'entendre dans ces vers un aveu touchant Héloïse : interprétation du reste gênée par l'ambiguïté d'un adjectif *(sola)* qui, s'il était lu comme qualifiant le sujet, ferait au contraire de toute la strophe une intervention de la jeune femme... et, par voie de conséquence, de l'ensemble du poème, soit une plainte féminine (cela me semble probable), soit un dialogue. Il faudrait alors supposer l'alternance de deux voix, le Consolateur et l'Amant, ou l'Amant et l'Amante, et songer à un découpage tel que : strophes 1 à 3, strophe 4, puis 5 à 8 et 9 à 14. Mais le problème est plus complexe encore. La découverte plus récente d'un second manuscrit (remontant, lui, au XIIᵉ siècle) donne en effet de cette *Plainte* une version deux fois plus courte : il y manque les strophes 5, 6, 8 et toute la fin, de 11 à 14, soit la plus grande partie de l'illustration mythologique. La version brève ne conserve qu'une allusion à Pyrame et Thisbé puis à Orphée et Eurydice dont elle évite de raconter en détail l'histoire ; elle s'abstient de références à un autre couple d'amants célèbres, Héro et Léandre et – trait significatif – aux couples masculins Nisus et Euryale, Piritoos et Thésée, Pollynice et Tydée, David et Jonathan, dont la présence dans la version longue confère au poème (comme il arrive souvent sous la plume des auteurs latins de ce temps) une connotation homosexuelle*. De toute évidence, la version longue est une amplification, opérée après

* On trouve les deux textes et leur comparaison dans P. Dronke, *Medieval Latin and the Rise of the European Love Lyric*, Oxford, Clarendon Press, 1966, tome 2, p. 341-352.

un certain laps de temps, de la version brève. Nous n'avons, si nous admettons l'authenticité de l'un des textes, le choix qu'entre deux explications : ou bien Abélard, selon une technique alors habituelle, remania, par interpolation, un poème antérieur ; ou bien on lui doit la version brève, sur laquelle un anonyme pratiqua, par la suite, cette opération. Pour faciliter cette lecture, je numérote, sur ma traduction, ce que, pour simplifier, je nomme ici des strophes.

Parmi les poèmes authentiques, je laisse de côté une assez pédante versification adressée par Abélard à son fils Astrolabe pour l'exhorter aux études littéraires. Ce poème n'est attachant que par les vers où, évoquant Héloïse, mère du jeune homme, l'auteur rappelle, en termes qui semblent empruntés à leur *Correspondance*, la douceur du péché et la difficulté, pour une femme aimante, du repentir*.

Le souvenir d'Héloïse encore, d'une autre manière, s'attache à la partie la plus volumineuse de l'œuvre poétique abélardienne : le recueil de chants liturgiques qu'il composa à la demande de son épouse, devenue abbesse du Paraclet, pour les moniales de ce monastère : cent trente-trois hymnes latins, répartis en trois livres, pour les offices quotidiens, pour les grandes fêtes, pour les

* Commentaire et extraits de ce texte dans F. Raby, *Secular Latin Poetry*, Oxford, Clarendon Press, 1934, tome 2, p. 5-7.

commémorations des saints*. Ecrit sans doute durant les années 1130-1135, redécouvert en 1845, cet ensemble est précédé d'une lettre dédicatoire à Héloïse, qui l'authentifie ; en revanche, deux seulement des mélodies nous ont été conservées. De bons connaisseurs considèrent cet Hymnaire comme un chef-d'œuvre de la poésie ecclésiastique, d'une technique parfaitement maîtrisée et, par rapport à l'école musicale de Saint-Victor, qui florissait alors à Paris, d'une forte originalité. On en a, malgré son peu de diffusion apparente, décelé à tort ou à raison l'influence sur tout un courant poétique en son siècle.

Quelque temps plus tard, adressant à la même Héloïse – et toujours à sa demande – un recueil de sermons, Abélard lui rappelle l'envoi récent d'"hymnes et de séquences". Or, la "séquence" est un genre poétique bien défini, aisément reconnaissable ; et aucun des deux manuscrits de l'Hymnaire n'en contient. Un souvenir confus semble s'être néanmoins perpétué, dont fait état un érudit vers 1830 : Abélard aurait composé "une complainte en prose sur Dina, fille de Jacob" : *prose* ici ne fait que décalquer le latin médiéval *prosa*, autre nom de la séquence. C'est en 1838 que fut découvert, à la Bibliothèque vaticane, l'unique manuscrit subsistant des poèmes en cause.

* J. Szöverffy en a procuré en 1975 une excellente édition commentée, Albany (N. Y.), Classica folia, 2 volumes.

Copiés avec leurs mélodies, ils forment un ensemble de cinq cent trente et un vers, en une suite de six morceaux de longueur diverse, monologues placés sur les lèvres de personnages bibliques dont le livre saint déclare ou laisse entendre qu'en telle ou telle circonstance ils prononcèrent, selon l'usage hébraïque, une déploration : d'où le titre général de *Planctus* ("Plaintes") qui leur est donné. Le nombre de six ne peut être aléatoire : il réfère à l'*hexameron*, jours de la création, et jours de la semaine dans l'attente du dimanche. A l'époque même où, selon toute probabilité, il écrivait ces poèmes, Abélard parallèlement travaillait à un ouvrage exégétique, *Expositio in Hexameron*, interprétant le récit biblique selon un triple plan de signification, historique, moral et mystique. N'est-ce pas là justement la manière dont il nous invite à entendre les *Planctus*, dont le texte (pour reprendre les termes mêmes d'Abélard) réfère à l'élévation des mœurs *(ad œdificationem morum)* et concerne tout ce que l'histoire peut désigner de l'avenir *(quæcunque historia futura præsignari ostenditur)* ?

Les poèmes se suivent dans l'ordre des livres et versets auxquels ils se réfèrent. Seule exception : les deux derniers, intervertis dans le manuscrit ; j'ai rétabli la succession régulière. Ce bref recueil offre donc, pour chaque jour de la semaine, un chant spirituel évoquant, selon la chronologie sacrée, un épisode dramatique de l'histoire du peuple élu, saisi durant les siècles où, de la Genèse à David, il n'avait pas encore triomphé de toutes les menaces pesant sur lui.

Quelles arrière-pensées présidèrent à ces choix, il est difficile de le préciser ; mais les choix ne pouvaient être neutres. La composition de l'Hymnaire, œuvre de commande, avait représenté une lourde et, on peut le supposer, monotone tâche : Abélard est le seul poète de son temps à oser si vaste entreprise. Les *Planctus* marquent la revanche de la spontanéité, de la liberté, de la pure joie créatrice.

Formellement, les *Planctus* ne s'insèrent pas moins dans une double tradition bien assurée. D'une part, la composition de déplorations latines, spécialement à la mort de grands personnages, fut une coutume poétique attestée continûment du IXe au XIe siècle ; au XIIe, les troubadours la relevèrent en occitan. La séquence, d'autre part, forme de chant liturgique inventée au IXe siècle, fut l'une des plus fécondes jusqu'au XVe. Nous en possédons des milliers d'exemples, dont une douzaine, aux XIe-XIIe siècles (en dehors de l'œuvre d'Abélard) constituent justement des *planctus*. Reposant primitivement sur un système assez simple de clausules parallèles, la séquence au cours de son histoire n'a cessé de se complexifier ; aux XIIe-XIIIe siècles, elle se confond avec des genres poétiques de langue vernaculaire, eux-mêmes très élaborés mais d'origine probablement différente, le *lai* français, le *descort* occitan, le *leich* allemand. Les relations entre ces diverses formes sont étroites au point qu'il arriva qu'une mélodie séquentiaire servît à chanter un *lai*, ou l'inverse. D'où un nouveau problème : un *lai* français du XIIᵉ siècle, conservé dans un manuscrit de la Bibliothèque nationale, le *Lai des pucelles*, a la même mélodie et le même schéma rythmique que la *Lamentation des vierges d'Israël sur la fille de Jephté*. La majorité des critiques penche à voir dans le texte français une "contrafacture" du *planctus* abélardien*.

Peut-être l'idée initiale de ce cycle déploratoire fut-elle inspirée par quelque habitude liturgique locale : peu importe. On ne saurait en revanche ne pas être frappé par le fait que la plupart des motifs développés dans les *Planctus* se rencontrent dans l'*Historia calamitatum* et dans les lettres à Héloïse. Pour les critiques même qui mettent en doute l'authenticité de ces documents, une telle convergence exige explication. G. Vecchi publiant, il y a quarante ans, les *Planctus* n'hésitait pas à soutenir le parallèle et à suggérer que ces poèmes constituaient collectivement une réponse à la seconde et dernière lettre d'Héloïse. Abélard, feignant d'avoir tout dit, aurait ainsi parachevé son discours en procurant aux religieuses du Paraclet, qu'il nomme ses "filles", un de ces divertissements pieux, recherchés dans les monastères, *joca monacharum*, "jeux de moniales".

* Voir M. Huglo, "Abélard, poète et musicien", *Cahiers de civilisation médiévale*, XXII, 1979, p. 349-361.

Mais encore ? Ç'a longtemps été l'objet d'une querelle érudite que de savoir dans quelle mesure les *Planctus*, sous le voile biblique, sont autobiographiques. Ainsi posée, la question est insoluble. Mais si l'on considère en leur globalité les textes non philosophiques d'Abélard, de l'*Historia* aux lettres et aux poèmes, force est d'en reconnaître la cohérence. Quelles qu'aient été l'origine et l'histoire de chacun de ces textes, ils témoignent ensemble d'une parfaite unité thématique. On a été jusqu'à supposer que, si la *Correspondance* est inauthentique, elle a pu avoir été fabriquée par un faussaire s'inspirant des *Planctus*…

L'idée même, trop moderne, d'autobiographie peut faire écran entre ces textes et nous. L'*Historia* est un récit visant moins à dire son auteur qu'à agir moralement sur son lecteur, et moins à émouvoir qu'à démontrer. De même, les lettres, selon la conception médiévale, morceaux d'éloquence, élaborent, à partir de contingences personnelles, un modèle de passion, de vice ou de vertu. C'est dans ce modèle que réside leur véridicité propre, non dans l'immédiateté d'un aveu. Il en va exactement ainsi des *Planctus*. Les savants romantiques euxmêmes, tout portés qu'ils étaient à romancer une situation dont le détail historique leur échappait, flairèrent parfois la difficulté : Victor Cousin, contre Rémusat, niait tout rapport entre les *Planctus* et la *Correspondance*. Il est vrai que Rémusat poussait loin le rapprochement : Samson prisonnier, dans le quatrième *planctus*, représentait pour lui Abélard aux arrêts à l'abbaye Saint-Médard après sa condamnation au concile de Soissons en 1121 !

Le point le plus sûr, c'est la présence de la mort dans ces poèmes. Leur thème commun, toujours longuement développé, est la douleur provoquée par la perte d'un être aimé ou par l'inéluctable approche d'une Fin. C'est là comme le "point de vue" de ces six discours, à partir duquel le texte révèle çà et là des traits évoquant ce que par ailleurs nous savons d'Abélard. La *Plainte de Jacob sur ses fils* intégrerait-elle le souvenir du vieux Béranger, père d'Abélard, dont l'*Historia* parle à deux reprises ? La présence dans le recueil de la *Plainte d'Israël sur Samson*, seule à n'avoir pas de référence biblique explicite, ne se justifierait-elle point par une exigence personnelle intérieure ? La seconde lettre d'Héloïse – est-ce un hasard ? – fait allusion à cette terrible histoire en termes qui semblent résumer le poème : "Samson, fort entre les forts, homme de Dieu dont un ange avait annoncé la naissance, fut vaincu par la seule Dalila, qui le trahit, le livra, le priva de la vue et le réduisit à une telle détresse qu'il préféra s'écraser lui-même avec ses ennemis, sous les ruines du temple." La relative maladresse de ce *planctus*, son relatif prosaïsme, les détails sordides descriptivement étalés pourraient confirmer la personnalisation du thème. Samson tondu, victime de la concupiscence allégorisée sous les traits de Dalila, serait-ce Abélard après la castration ? Samson, comme Adam, Salomon, l'enchanteur Merlin, d'autres encore, figurait au XIIe siècle dans le catalogue des victimes illustres de la perversité féminine ; en ce sens, le poème entier est une *detractatio mulieris*, un "blâme des femmes" selon la topique reçue : il évoque la dureté des lettres d'Abélard, surtout la seconde, refoulant Héloïse dans le silence de sa méditation. La *Plainte sur Abner* et sur la foi trompée fait pendant à la *Plainte de David sur Saül et Jonathan*, lamentation sur l'amitié perdue, lisible doublement, selon que les paroles de David émanent d'Abélard ou le concernent. De précieuses amitiés, de Geoffroy de Chartres à Pierre le Vénérable, ne cessèrent en effet de soutenir et de consoler dans ses épreuves cet incommode solitaire. Mais une autre perspective s'ouvre ici. L'histoire de David et Jonathan tendit à se substituer, dans une certaine poésie érotique d'origine cléricale, au cours des XIe et XIIe siècles, au mythe de Ganymède pour signifier l'homosexualité*. Aussi bien, le ton amoureux dont David s'adresse au jeune prince abattu n'évoque-t-il pas on ne sait quelle inversion des rôles : Héloïse, désormais séparée, la très jeune maîtresse de jadis, comme un éphèbe ? Abus d'interprétation ? Les évidentes allusions à une figure féminine aimée et lointaine émaillent ces poèmes. La *Plainte de Dina*, placée sur les lèvres d'une jeune fille dont les frères ont, au mépris de leur promesse, tué

* J. Boswell, *Christianisme, tolérance et homosexualité*, Paris, Gallimard, 1985, p. 319-320 ; sur l'équivocité de cette poésie, voir tout le chapitre IX, p. 308-338.

l'amant, ne peut-elle suggérer symboliquement le sort d'Héloïse après l'attentat perpétré par son oncle ? Un épisode qui, dans la Genèse, apparaît comme une sanglante et brutale vendetta est traité ici avec tendresse et un sentiment très fin des responsabilités individuelles : selon cette partie même des doctrines abélardiennes qui rompait le plus ouvertement avec la tradition ancestrale.

Faudrait-il supposer que la longueur respective des *planctus* nous renseigne sur l'importance qu'y attacha l'auteur, sinon sur l'intensité de son engagement personnel ? La *Plainte sur Samson* compte une fois et demie autant de vers (autant de durée à l'audition) que la première, la seconde et la dernière plainte ; la *Plainte sur Saül*, deux fois ; la *Lamentation sur la fille de Jephté*, près de trois fois. Dans cette hypothèse, c'est sur elle que porterait l'accent le plus fort : la plupart des commentateurs l'ont noté, et sa perfection formelle constitue un argument de poids. Or que dit-elle, sinon le double sacrifice imposé à une enfant trop aimante : retranchée de l'amour, puis de la vie ?

Plus encore que les hymnes, les *Planctus* constituent l'une des œuvres poétiques les plus représentatives du XIIᵉ siècle ; les plus "modernes" aussi pour ce temps, et les moins bridées de conventions. Les *Planctus* apparaissent, dans le courant novateur qui anime le jeune milieu urbain, au moment même où le latin médiéval porte son ultime – et non sa moindre – floraison de poésie… avant de retomber, peu après, au rang de langage technique et sèchement savant, laissant définitivement la place aux langues vernaculaires.

Très au courant de la théorie et des pratiques musicales (la lettre-préface de l'Hymnaire en fait foi), Abélard travaille particulièrement les rythmes de ses poèmes, et son inventivité dans ce domaine n'est jamais en défaut. Jusqu'au XIe siècle, la séquence, sur le modèle de laquelle il façonne ses *planctus*, se versifiait selon le nombre des syllabes sans que l'on tînt compte de l'accent tonique des mots. Vers 1130, la pratique accentuelle, déjà bien établie, pouvait encore passer pour une nouveauté. Abélard sut en exploiter avec génie les virtualités. D'un *planctus* à l'autre changent à la fois le schème général et les modalités d'exécution. La seule règle d'ensemble est l'alternance du pair et de l'impair, poussée parfois à un point de raffinement dont ni le français ni même l'occitan des troubadours, à la même époque, ne sauraient fournir d'exemples : tantôt, de strophe à strophe, jouent en double part les 7 et les 8, les 4 et les 6, toutes les conjonctions possibles de 3 à 11… les nombres mêmes consacrés par la versification de langue vernaculaire. Ou, plus subtilement encore, dans la *Plainte de Dina* et celle des *Vierges d'Israël*, le même balancement se marque au sein de la strophe, voire du vers, découpé en clausules contrastantes. Dominé par ces exigences rythmiques, déterminé par ses Nombres, le texte se construit, toutes articulations syntaxiques suspendues, avec une extrême rigueur : chaque groupe significatif s'encadre – comme, sur un vitrail, le fragment de verre peint – dans la marque plombée de son 7, de son 8, de son 3... En revanche, ou pour cette raison même, Abélard use avec désinvolture de la rime. Elle tinte, chez lui, de vers en vers, de clausule en clausule, dépourvue des recherches dont font leur délectation la plupart des poètes lettrés d'alors : simple ornement ici, scandant avec discrétion la cadence.

Dans l'usage traditionnel, la séquence était une sorte de cantate, chantée par chœurs ou solistes alternés. Abélard la conçoit comme monodique. Il en conserve néanmoins la structure : introduction ; deux ou trois parties, chacune d'entre elles découpée en deux groupes identiques ; conclusion. La longueur, l'arrangement interne, la complexité de ces éléments diffèrent de poème à poème. Tout au plus, çà et là, par un effet de souveraine liberté, se rompt le parallélisme des membres, que souligne pourtant, à un autre niveau, la forte concentration d'un style toujours allusif et dont l'allusion renvoie, de façon première, à un savoir, de façon seulement seconde à l'expérience : délices de lettré. Pas un mot dont le sens ne se déploie dans les trois dimensions d'un espace dessiné par le souvenir biblique, par la mémoire personnelle et par le souci universel de l'humain. Cette richesse signifiante provient d'une conception de la poésie, implicite mais active chez Abélard : le langage poétique, en son essence, est narration plutôt que cri. D'où, sous la plume de ce fils de chevalier, l'importance prise par les thèmes militaires, les images d'armes et de combats. L'épopée affleure. A l'exception de Jacob, tous les héros bibliques de référence sont des guerriers.

Philosophe, Abélard fit auprès de conservateurs comme saint Bernard figure de révolutionnaire. Engagé dans le mouvement libertaire diffus qui traversait ce siècle, il put être suspecté de tendances hérétiques. Bientôt, l'essor de la scolastique, qu'il avait plus que d'autres contribué à faire naître, lui valut le sort des précurseurs : il recula dans l'ombre. C'est comme homme, entouré de la légende que lui valut le renom d'Héloïse, qu'il survécut, un siècle ou deux, dans la mémoire publique. Il devint le héros d'un véritable cycle de poèmes latins : épitaphes fictives, lamentations, éloges. Avant même que n'aient été, dans des conditions obscures, copiés les manuscrits de l'*Historia* et de la *Correspondance*, l'histoire des amants tragiques avait passé dans la tradition. Vers 1280, Jean de Meun donnait la première traduction française de l'*Historia* et de neuf lettres s'y rapportant*, tandis que, dans le *Roman de la rose*, il contait l'aventure.

Le poète, en revanche, semble être aussitôt tombé dans l'oubli. L'Hymnaire n'entra pas dans la liturgie et, au Paraclet même, sortit d'usage après

* Cette traduction a été publiée par F. Reggiato, éditions Mucchi, Modène (Italie), 1977.

la mort d'Héloïse. Les *Planctus* ne passèrent jamais dans le répertoire sacré et ne furent conservés que par hasard, sur les dernières pages blanches d'un manuscrit copié, peut-être en Flandre, vers 1200. Seule la *Plainte sur Saül et Jonathan* a été retrouvée dans un autre manuscrit, recueil de séquences, copié à Nevers au XIIe siècle. Sans doute *Planctus* comme Hymnaire étaient-ils trop peu conformistes pour résister aux pressions du conservatisme clérical, trop originaux au sein d'une littérature latine en recul devant la montée des langues romanes. Ce n'est qu'après 1845, grâce à l'ouvrage de Charles de Rémusat et à l'édition Cousin des *Œuvres complètes* que fut redécouvert Abélard, en qui les premiers de ces nouveaux lecteurs crurent reconnaître l'esprit libre, annonciateur de leur grand XIXe siècle ! Les travaux érudits, historiques ou critiques, sur une œuvre ainsi mise en relief ne cessèrent plus de se succéder désormais, et peu à peu se dégageait la haute et tant soit peu équivoque figure que nous connaissons.

*

LA TRADUCTION

La traduction des *Planctus* que je présente ici est la première en français. Je l'ai faite sur le texte latin de l'édition G. Vecchi, contrôlé et, çà et là, très légèrement corrigé. Je me suis imposé de traduire littéralement, si possible mot pour mot, au moins phrase pour phrase, et me suis interdit de ne point reproduire les nombreuses répétitions de mots ou de tournures, un peu lourdes ou étranges en français d'aujourd'hui mais ornementales dans le latin du XIIᵉ siècle. L'application de ce double principe a fait parfois difficulté. Je ne m'en suis toutefois écarté que si le sens l'exigeait impérieusement. De même, j'ai, en un très petit nombre de passages, dû modifier l'ordre des mots, voire de deux phrases successives.

Quant à la structure poétique, elle posait un problème. Il était en effet impossible de sauvegarder à la fois le rythme et les rimes de l'original. J'ai donc choisi le rythme, pour son importance dans l'esthétique d'Abélard et afin de permettre, le cas échéant, le chant de cette traduction sur les mélodies originales. Si deux syllabes semblent rimer dans mon texte, ce fait est dû au hasard des terminaisons et n'implique en rien Abélard ! Par contre, chaque vers et, dans le vers, chaque groupe syntaxique comporte exactement le même nombre de syllabes et (sauf exception) les mêmes accents que le latin.

Pour la *Plainte amoureuse*, j'ai suivi le texte du manuscrit de Florence (version longue) qui diffère sensiblement, en deux passages, du texte plus ancien (version brève) :

– le début de la strophe 3, selon la version brève, se traduit :

"Il ne cède en rien
au lutteur, au rebelle" ;

– et le début de la strophe 4 :
"Il ne put échapper
à toute autre contrainte !
– Prisonnier de tes seuls rets,
amant comme tant d'autres…" (strophe dialoguée).

J'ai traduit sur le texte latin de la Vulgate (édition critique des bénédictins de Saint-Jérôme, Rome, 1926 *sqq.*) les passages bibliques de référence. Çà et là, j'ai inséré entre parenthèses un mot rappelant le contexte.

PLAINTE DE DINA FILLE DE JACOB

*Dina, fille de Lia, sortit pour voir des femmes de la région.
Lorsque Sichem, fils de Hémor le Hévéen, prince du pays, l'eut
vue, il en devint amoureux, l'enleva, coucha avec elle et la viola.
Son âme s'attacha à elle, et par des caresses il adoucit son chagrin...*

(versets 1-3)

*Quand Jacob eut appris cela, comme ses fils étaient absents avec
les troupeaux en pâture, il attendit en silence leur retour...*

(verset 5)

*Furieux qu'ils étaient du déshonneur de leur sœur, les fils de
Jacob répondirent avec ruse à Sichem et à son père : "Nous ne
pouvons accéder à votre demande (en mariage) ni donner notre
sœur à un incirconcis car c'est pour nous chose illicite et néfaste.
Pourtant nous pourrions nous mettre d'accord avec vous si vous
vouliez devenir semblables à nous et que vous fassiez circoncire
tous les mâles parmi vous."*

(versets 13-15)

*Voici que le troisième jour, alors que les douleurs (de la circonci-
sion) étaient les plus grandes, deux des fils de Jacob, Siméon et
Lévi, frères de Dina, entrèrent sans crainte, l'épée à la main, dans
la ville, et y massacrèrent Hémor, Sichem et tous les mâles avec
eux, puis enlevèrent Dina leur sœur de la maison de Sichem...*

(versets 25-26)

*Jacob dit à Siméon et Lévi : "Vous bouleversez mon existence et
me rendez odieux aux Cananéens et aux Phérézéens, habitants
de ce pays... Ils vont s'unir et me frapper, et je serai détruit ainsi
que ma maison."*

(verset 30)

GENÈSE, chapitre XXXIV

Abrahe proles Israel nata
patriarcharum sanguine clara
incircumcisi viri rapina
hominis spurci facta sum preda,
generis sancti macula summa
plebis adverse ludis illusa.

Ve mihi misere
per memet prodite !

Quid alienigenas
iuvabat me cernere ?
quam male sum cognita
volens has cognoscere !

Ve mihi misere
per memet prodite !

Sichem, in exitium
nate tui generis !
nostris in obprobrium
perpes facte posteris !

Ve tibi misero
per temet perdito !

Fille d'Abraham,   fille d'Israël,
du sang noble issue   de nos patriarches,
devenue butin   d'un incirconcis,
de cet homme impur   me voici la proie,
d'un peuple sacré   souillure vivante,
abusée aux jeux   d'un peuple ennemi.

    Ah ! de moi misérable,
    par moi-même trahie !

A quoi bon devais-je ainsi
aller voir ces étrangères ?
Pour mon mal je fus connue
en désirant les connaître !

    Ah ! de moi misérable,
    par moi-même trahie !

O Sichem, tu fus voué
à la perte de ta race !
au déshonneur éternel
des enfants de notre peuple !

    Ah ! de toi misérable,
    par toi-même perdu !

Frustra circumcisio
fecit te proselitum,
non valens infamie
tollere preputium.

Ve tibi misero
per temet perdito !

Coactus me rapere
mea raptus specie
quovis expers venie
non fuisses iudice.

Non sic, fratres, censuistis,
Symeon et Levi
in eodem facto nimis
crudeles et pii !

Innocentes coequastis
in pena nocenti
quin et patrem perturbastis
ob hoc execrandi.

Amoris impulsio
culpe satisfactio
quovis sunt iudicio
culpe diminutio.

Levis etas iuvenilis
minusque discreta
ferre minus a discretis
debuit in pena.

En vain tu fus circoncis,
en vain devins prosélyte,
incapable de trancher
ce prépuce d'infamie.

Ah ! de toi misérable
par toi-même perdu !

Tu fus contraint de me prendre :
ma beauté t'avait séduit.
Aucun juge le sachant
ne t'eût infligé de peine.

Vous n'en avez pas, ô mes frères
Siméon et Lévi,
ainsi jugé, avec excès
religieux et cruels !

Vous avez puni l'innocence
aussi bien que la faute ;
vous avez troublé notre père :
dignes d'être maudits.

Les mouvements de l'amour,
le repentir du coupable,
dans un juste jugement
font atténuer la faute.

La légèreté du jeune âge
avec son imprudence
aurait dû adoucir la peine
devant un juge sage.

Ira fratrum ex honore
fuit lenienda
quem his fecit princeps terre
ducta peregrina.

Ve mihi, ve tibi,
miserande iuvenis ;
in stragem communem
gentis tante concidis.

La colère de mes deux frères
aurait dû s'apaiser
de l'honneur que leur fit un prince,
d'épouser l'étrangère.

Ah ! de toi, ah ! de moi !
misérable adolescent,
en un commun massacre
meurtrier de tout un peuple !

PLAINTE DE JACOB SUR SES FILS

De toutes les régions on venait en Egypte acheter des provisions pour combattre la plaie de la famine.

(XLI, verset 57)

Dix des frères de Joseph descendirent donc en Egypte pour acheter du blé ; mais Jacob retint Benjamin à la maison, disant aux autres qu'il redoutait qu'il ne lui arrivât malheur en cours de route.

(XLII, versets 3-4)

Ils revinrent chez leur père au pays de Canaan et lui racontèrent tout ce qu'il leur était arrivé. "Le seigneur du pays, dirent-ils, nous a parlé durement et nous soupçonnait d'être des espions. Nous avons répondu : «Nous sommes gens pacifiques, et sans mauvais desseins. Nous sommes douze frères nés du même père ; mais l'un d'entre nous n'est plus, et le cadet est resté avec notre père en Canaan.» Alors il nous dit : «J'aurai la preuve de vos intentions pacifiques si vous laissez (pour otage) auprès de moi l'un d'entre vous... et amenez-moi votre frère cadet...»"

(versets 29-34)

Leur père Jacob leur dit : "Vous faites de moi un homme sans enfants ! Joseph n'est plus, Siméon est prisonnier, et vous m'enlevez Benjamin ! Tout ce mal retombe sur moi."

(verset 36)

GENÈSE, chapitres XLI et XLII

Infelices filii
patre nati misero
novi, meo sceleri
talis datur ultio,

cuius est flagitii
tantum dampnum passio
quo peccato merui
hoc feriri gladio.

Ioseph decus generis
filiorum gloria
devoratus bestiis
morte ruit pessima ;

Symeon in vinculis
mea luit crimina
post matrem et Beniamin
nunc amisi gaudia.

Ioseph fratrum invidia
divina pollens gratia
que, fili mi, presagia
fuerunt illa somnia ?

O mes fils infortunés,
nés d'un misérable père,
de mon crime, je le sais,
est prise cette vengeance

dont supporter l'infamie
est pour moi très lourde peine,
méritant par mon péché
d'être frappé de ce coup.

Joseph, honneur de ma race,
gloire de ma descendance,
déchiré vif par les fauves
périt d'une horrible mort ;

Siméon est dans les fers,
rachetant ma propre faute ;
Rachel, et puis Benjamin :
voici toute joie perdue.

Joseph, jalousé par tes frères,
puissant par la grâce de Dieu,
de quoi, mon fils, furent présage
les songes qui t'ont visité ?

Quid sol, quid luna, fili mi,
quid stelle, quid manipuli,
que mecum diu contuli,
gerebant in se mistici ?

Posterior natu fratribus,
sed amore prior omnibus,
quem moriens mater Bennonim
pater gaudens dixit Beniamin,

blanditiis tuis miserum
relevabas patris senium,
fratris mihi reddens speciem
et decore matris faciem.

Pueriles nenie
super cantus omnes
orbati miserie
senis erant dulces :

informes in facie
teneri sermones,
omnem eloquentie
favum transcendentes.

Duorum solacia
perditorum maxima
gerebas in te, fili.

Pari pulcritudine
representans utrosque
reddebas sic me mihi.

Le soleil, la lune, mon fils,
et les étoiles, et ces gerbes
à quoi bien souvent j'ai pensé,
de quoi donc étaient-ce les signes ?

O dernier-né   de ces douze frères
(dans mon amour   le premier de tous),
Rachel, mourant,   te dit Bennonim,
moi, dans ma joie,   te dis Benjamin.

Tu soulageais   avec tes caresses
d'un père usé   la vieillesse amère,
me rappelant   la beauté d'un frère
et le visage   aimé de ta mère.

Tes comptines enfantines
plus que tout autre chant
attendrissaient mon malheur
de vieil abandonné.

Informes en apparence,
tes discours puérils
dépassaient par leur douceur
le miel de l'éloquence.

La seule consolation
des deux pertes qui m'accablent
reposait en toi, mon fils.

Par ta beauté comparable,
portrait de l'un et de l'autre,
tu me les rendais tous deux.

Nunc tecum hos perdidi
et plus iusto tenui
hanc animam, fili mi.

Etate tu parvulus
in dolore maximus
sicut matri sic patri.

Deus, cui servio
tu nos nobis facito
vel apud te coniungi.

Avec toi, je les reperds :
trop longtemps je suis resté
en cette vie, ô mon fils.

Toi, le plus jeune par l'âge,
le plus grand par la douleur
de ta mère et de ton père.

Dieu, dont je suis serviteur,
rassemble-nous, s'il Te plaît,
ou rappelle-nous ensemble.

LAMENTATION DES VIERGES D'ISRAËL SUR LA FILLE DE JEPHTÉ LE GALAADITE

En ce temps-là Jephté le Galaadite était un vaillant guerrier.

(verset 1)

Il fit un vœu au Seigneur, disant : "Si tu livres les fils d'Ammon entre mes mains, le premier – qui que ce soit – qui sortira de ma maison à ma rencontre quand je reviendrai vainqueur des fils d'Ammon, je l'offrirai en sacrifice au Seigneur…"

(versets 30-31)

Au-devant de Jephté qui revenait chez lui à Maspha, accourut sa fille unique avec des tambourins et des danses. Or, il n'avait pas d'autre enfant. En la voyant, il déchira ses vêtements et dit : "Ah ! ma fille, tu m'as trompé et toi-même as été trompée ! J'ai en effet parlé au Seigneur, et je ne peux me dédire !" Elle lui répondit : "Mon père, tu as parlé au Seigneur ; fais de moi ce que tu as promis puisque la vengeance et la victoire sur tes ennemis t'ont été accordées." Elle dit (encore) à son père : "Exauce seulement la prière que je t'adresse, de me laisser errer durant deux mois dans les montagnes pour pleurer ma virginité avec mes compagnes." Il lui répondit : "Va !" et la laissa partir pour deux mois. Elle s'en alla avec ses amies et ses compagnes, et pleura sa virginité dans les montagnes. A la fin des deux mois elle revint à son père et il lui fit ce qu'il avait promis au Seigneur. Or, elle n'avait pas connu d'homme. De là vint cette coutume en Israël, que chaque année les filles d'Israël se rassemblent et se lamentent pendant quatre jours sur la fille de Jephté.

(versets 34-40)

JUGES, chapitre XI

Ad festas choreas celibes
ex more venite virgines !
Ex more sint ode flebiles
et planctus ut cantus celebres !

Inculte sint meste facies
plangentum et flentum similes !
aurate sint longe ciclades
et cultus sint procul divites !

Galadite virgo Iepte filia
miseranda patris facta victima,

annuos virginum elegos
et pii carminis modulos
virtuti virginis debitos
per annos exigit singulos.

O stupendam plus quam flendam virginem !
o quam rarum illi virum similem !

Ne votum sit patris irritum
promissoque fraudet dominum
qui per hunc salvavit populum,
in suum hunc urget iugulum.

A la danse   de la fête,   jeunes filles,
c'est l'usage,   venez donc,   vous les vierges !
C'est l'usage,   que vos chants   se lamentent
et vos plaintes   soient un chant   solennel.

Sans apprêt   soient vos faces   attristées
comme celle   de qui pleure   et gémit !
Eloignez   les joyaux   brillants d'or,
écartez   la richesse   des parures.

De ce Jephté,   le Galaadite,   fille vierge
cruellement   faite victime   de son père,

chaque année   qui revient   elle exige
le retour   d'élégies   juvéniles
modulant   la piété   du cantique
que l'on doit   aux vertus   virginales.

O admirable,   non pitoyable   jeune vierge !
O qu'il est rare   l'homme semblable   à cet homme !

Pour qu'un vœu   de son père   ne soit vain,
que ne rompe   la promesse   faite au Dieu
qui par lui   a sauvé   tout son peuple,
elle hâte   le moment   de sa mort.

Victor hic de prelio
dum redit cum populo,
prior hec pre gaudio
occurrit cum tympano.

Quam videns et gemens pater anxius
dat plausum in planctum voti conscius,
triumphum in luctum vertit populus.

Decepisti, filia
me, dux ait, unica,

et decepta gravius
nostra lues gaudia,
quamque dedit dominus
perdet te victoria.

Illa refert : Utinam
meam ignocentiam

tante rei victimam
aptet sibi placidam !

Immolare filium
volens Abraham

non hanc apud dominum
habet gratiam,
ut ab ipso puerum
vellet hostiam.

Puerum qui respuit
Si puellam suscipit,

Victorieux   de la bataille
il rentrait   parmi ses gens :
elle en tête   avec sa joie
accourait,   timbale au poing.

La voyant   il gémit,   et ce père anxieux
change en pleurs   son triomphe,   son vœu se rappelle.
Dans la foule   le hourra   tourne en cri de deuil.

"Tu m'as dupé,   toi ma fille
(dit le héros),   mon unique ;

dupée toi-même   (et bien pis !),
tu mets un terme   à nos joies
et la victoire   que mon Dieu
nous donna   par toi se perd."

Elle répond :   "Puisse au moins
le ciel, dans mon innocence

pour ce grand jour   accepter
une victime   apaisée !

Quand Abraham   a voulu
immoler son fils,

le Seigneur lui refusa
d'accorder sa grâce
et d'accueillir cet enfant
en pieuse offrande.

Lui qui rejetait un fils,
une fille lui agrée,

quod decus sit sexus mei, percipe
uteri qui tui fructus, inspice,
quid mihi quid tibi sit hoc glorie.

Ut sexu sic animo
vir esto nunc, obsecro.

Nec mee nec tue obstes glorie
si tue preferre me vis anime
exemploque pravo cunctos ledere.

Sinat te dilectio
preferat hanc domino

unaque tu dominum
offendens cum populo
amittas et populum
displicendo domino.

Non est hic crudelitas
sed pro deo pietas,
qui ni vellet hostiam
non daret victoriam.

Solvens ergo debitum
placa pater dominum
ne forte, cum placitum
erit, non sit licitum.

Quod ferre non trepidat
virgo tenera,
inferre sustineat
viri dextera,
sponsio quem obligat
voti propria.

comprends donc   quel honneur   est fait à mon sexe ;
considère   quel honneur   au fruit de ton ventre,
quelle gloire   en jaillit   sur moi et sur toi !

Aie le cœur   selon ton sexe ;
sois viril,   je t'en conjure !

A ma gloire,   à la tienne   ne fais point obstacle.
Si tu veux   préférer   ma vie à ton âme
et frapper   les humains   d'un si vil exemple,

en laissant   ton affection
au Seigneur   me préférer,

ton Seigneur   tu blesserais
et, non moins,   ton propre peuple :
tu perdrais   ce même peuple
en déplaisant au Seigneur.

Ce n'est pas   là cruauté
mais bien piété envers Dieu :
s'Il n'eût voulu de victime,
la victoire   te refusait.

Payant ainsi   cette dette,
ô père, apaise   le Seigneur,
sinon crains   pour tes prières
qu'un jour Il ne les repousse !

Ce que n'a peur de souffrir
une faible vierge,
que l'accomplisse avec force
la droite de l'homme
tenu par son propre dire,
sa propre promesse !

Sed duorum mensium
indulgebis spatium,

quo valles et colles cum sodalibus
peragrans et plorans vacem planctibus,
quod sic me semine privet dominus.

Sitque legis sanctio
mea maledictio,
nisit sit remedio
munde carnis hostia,
quam nulla pollutio
nulla novit macula.

His gestis rediit
ad patrem unica
secreti thalami
subintrans abdita
lugubris habitus
deponit tegmina.

Que statim ingressa balneum
circumstante coro virginum
fessam se refovet paululum,

et corpus pulvere squalidum
laboreque vie languidum
mundat ac recreat lavacrum.

Varias unguenti species
aurate continent pixides
quas flentes afferunt virgines.

Mais un répit   de deux mois
accorde-moi,   je t'en prie,

où par monts   et par vaux   avec mes compagnes
sans abri   et en pleurs   je plaindrai le sort
par quoi Dieu   me condamne   à mourir stérile.

Et qu'elle ait sanction légale
cette malédiction mienne,
si n'offre réparation
la victime au corps très pur
qu'aucune pollution,
nulle tache ne souilla !

A ces mots s'en revient
la fille auprès du père ;
au secret de sa chambre
elle entre solitaire ;
de ses habits de deuil
un à un se dépouille.

La voici   qui descend   dans le bain,
entourée   par un chœur   de compagnes :
et ses membres   fatigués   se détendent

et son corps   tout couvert   de poussière,
épuisé   par l'effort   de la marche
se recrée   et s'épure   sous cette onde.

Toutes sortes   d'aromates   et d'onguents
contenus   en des vases   ornés d'or
lui apportent   en pleurant   ses servantes,

His illam condiunt alie
capillos componunt relique
vel vestes preparant domine.

Egressa post paululum
virgo lota balneum
mittit patri nuntium

ut aram extruat
ignem acceleret
dum ipsa victimam
interim preparet,
que deo convenit
principem condecet.

O quantis ab omnibus
istud eiulatibus
nuntium excipitur !

Urget dux populum
ut hec accelerent,
et illa virgines
ut cultum properent
et tamquam nuptiis
morti se preparent.

Illa bissum propriis
madefactum lacrimis
porrigit, hec humidam
fletu suo purpuram.

Auro gemmis margaritis
variatum est monile
quod sic pectus ornat eius
ut ornetur magis inde.

et les unes,   l'en oignant,   la parfument,
d'autres mains   lui apprêtent   les cheveux,
se disposent   à vêtir   leur maîtresse.

Bientôt sort la jeune fille
propre et pure de ce bain,
et mande alors à son père

qu'on élève l'autel,
qu'on attise le feu
tandis qu'elle prépare
une victime digne
de convenir à Dieu
et de plaire à un roi.

O combien de cris plaintifs
s'élèvent de toutes parts
à l'ouïe de ce message !

Le chef presse le peuple
de hâter tel détail,
tel autre, les servantes
pour accomplir le rite
et, comme à un mariage,
s'apprêter à la mort.

Telle apporte un drap de lin
trempé de ses propres larmes,
telle autre, robe de pourpre
humide de ses sanglots.

De gemmes, d'or   avec des perles
est composé   le lourd collier
ornant le sein   qui – plus encore ! –
lui donnera sa beauté vraie.

Inaures et anuli
cum armillis aurei
virginis tenerrimum
onerant corpusculum.

Rerum pondus et ornatus
moram virgo iam non ferens
lecto surgit et repellit
que restabant ita dicens :

Que nupture satis sunt,
periture nimis sunt ;
mox quem patri detulit
ensem nudum arripit.

Quid plura, quid ultra dicimus ?
quid fletus, quid planctus ginnimus ?

Ad finem quod tandem cepimus
plangentes et flentes ducimus.

Collectis circa se vestibus
in are succense gradibus
traditus ab ipsa gladius
peremit hanc flexis genibus.

O mentem amentem iudicis !
O zelum insanum principis !

O patrem sed hostem generis,
unice quod nece diluit !

Boucles d'oreilles et bagues,
bracelets travaillés d'or
chargent le beau petit corps
de cette très tendre enfant.

Ce poids trop lourd,   cette toilette,
ce temps perdu !   L'enfant s'irrite,
saute du lit,   d'un coup rejette
tous ces objets   en s'écriant :

"Ce qui convient   à des noces
est un excès   pour la mort !"
Elle saisit   l'épée nue,
elle la tend   à son père.

Quoi de plus,   quoi encore   dirons-nous ?
Quels sanglots,   quelles plaintes   exhaler ?

Achevons   sans tarder   notre tâche
commencée   dans les pleurs   et les plaintes !

Rassemblant   ses habits   autour d'elle,
sur les marches   de l'autel   allumé,
à genoux,   la voici,   abattue
par le glaive   qu'elle-même   présenta.

O l'esprit   de folie   de ton juge !
O le zèle   égaré   de ton prince !

O ce père   ennemi   de son sang,
meurtrier   destructeur   de sa fille !

Hebree dicite virgines
insignis virginis memores,
inclite puelle Israel,
hac valde virgine nobiles !

Répétez,   vous les vierges   hébraïques,
la mémoire   d'une vierge   admirable,
de l'illustre   jeune fille   d'Israël,
et que   vous glorifie   son exemple !

PLAINTE D'ISRAËL SUR SAMSON

Cette plainte est tissue d'allusions aux chapitres XIII à XVI du livre des JUGES, qui racontent l'histoire de Samson. Elle ne se fonde sur aucun détail particulier de ce récit et trouve sa place fictive à la fin du chapitre XVI, dont le dernier verset signale que "ses frères et toute sa parenté emportèrent son corps et l'ensevelirent entre Saraa et Esthaol dans le tombeau de Manue, son père".

Abissus vere multa
iudicia deus tua
eo plus formidanda
quo magis sunt occulta
et quo plus est ad illa
quelibet vis infirma.

Virorum fortissimum
nuntiatum per angelum
Nazareum inclitum
Israelis clipeum,
cuius cor vel saxeum
non fleat sic perditum ?

Quem primo Dalida
sacra cesarie
hunc hostes postea
privarunt lumine.

Exaustus viribus,
orbatus oculis
mole fit deditus
athleta nobilis.

Quel abîme impénétrable,
mon Dieu, que tes jugements
et d'autant plus redoutables
que plus secrets à nos yeux
et que plus faible contre eux
toute force d'ici-bas !

Du plus vaillant des héros,
jadis annoncé par l'ange,
du glorieux Nazaréen,
du bouclier d'Israël,
quel cœur plus dur que la pierre
ne pleurerait pas la perte ?

Dalila lui ravit
ses cheveux consacrés,
après quoi l'ennemi
lui enleva la vue.

Vidé de sa puissance,
aveugle, prisonnier,
il dut tourner la meule,
lui, le noble lutteur.

Clausus carcere
oculorumque lumine
iam privatus,

quasi geminis
ad molam sudans tenebris
est oppressus ;

ludos martios
plus exercere solitos
frangit artus.

Hos cibario
vix sustentans edulio
iumentorum,

quod et nimius
labor hic et insolitus
sumit rarum,

crebris stimulis
agitatur ab emulis
ut iumentum.

Quid tu, Dalida,
quid ad hec dicis impia,
que fecisti ?

quenam munera
per tanta tibi scelera
conquisisti ?

Nulli gratia
per longa manet tempora
proditori.

Au fond de la geôle
où ne peuvent voir de lumière
ses yeux crevés,

des ténèbres jumelles
l'oppressent ainsi à la meule
où il transpire,

épuisant ses membres
moins faits à cette tâche vile
qu'aux jeux de Mars,

sustentés à peine
d'une pâture destinée
aux animaux,

car malgré l'effort
d'un labeur inaccoutumé,
il la dédaigne.

Ces haineux jaloux
l'excitent de leurs coups de fouet
comme une bête !

Et toi, Dalila,
que dis-tu de ce crime impie
dont tu fus cause ?

Quelle récompense
pour perpétrer un tel forfait
t'ont-ils donnée ?

Mais aucun profit
ne reste jamais bien longtemps
aux mains d'un traître.

Renatis iam crinibus
reparatis viribus,
temulentis hostibus
lusurus inducitur,
ut morte doloribus
finem ponat omnibus.

A iocis ad seria
fertur mens diu concita ;
tam leva quam dextera
columpnis applicita
hostium et propria
miscet dolor funera.

O semper fortium
ruinam maximam
et in exitium
creatam feminam !

Hec patrem omnium
deiecit protinus
et mortis poculum
propinat omnibus.

David sanctior,
Salomone prudentior
quis putetur ?

at quis impius
magis per hanc vel fatuus
repperitur ?

quis ex fortibus
non ut Sanson fortissimus
enervatur ?

Ses cheveux ont repoussé
et sa force est revenue.
Ses ennemis pris de vin
en public de lui se jouent.
Mais la mort va mettre fin
à l'excès de ses douleurs.

Du jeu aux graves pensées
l'esprit toujours passe vite :
de sa droite et de sa gauche
repoussant les deux colonnes,
à la mort de l'ennemi
il mêle sa propre mort.

O perte d'un héros,
de toutes la plus grande !
La femme fut créée
pour notre destruction !

Elle fit trébucher
le premier de nos pères,
et présente à chacun
la coupe du poison.

Plus saint que David
et plus prudent que Salomon,
qui le serait ?

Mais qui plus impie,
qui donc devint plus insensé
pour une femme ?

Qui de nos héros
n'a-t-elle pas débilité
comme Samson ?

Adam nobile
divine plasma dextere
mox hec stravit ;

quam in proprium
acceperat auxilium
hostem sensit ;

ex tunc femina
virorum tela maxima
fabricavit.

Sinum aspidi
vel igni prius aperi,
quisquis sapis,

quam femineis
te committam illecebris,
nisi malis

ad exitium
properare certissimum
cum predictis.

Adam, créature
de la droite de Dieu, par elle
fut renversé.

Celle qu'il avait
reçue en aide se montra
son ennemie.

Depuis lors les femmes
contre les hommes ont forgé
les pires armes !

Soit sage, soit fou,
ouvre plutôt à la vipère,
au feu, ton sein

que de te livrer
aux sortilèges de la femme
si tu ne veux

courir à la mort
de toutes la plus assurée
dans de tels maux !

PLAINTE DE DAVID SUR SAÜL ET JONATHAN

Il arriva qu'après la mort de Saül, David revint, ayant vaincu les Amalécites, et demeura deux jours à Siceleg.

(verset 1)

Le jeune homme qui lui faisait rapport lui dit : "Je vins par hasard au mont Gelboé, et Saül (s'y trouvait), appuyé sur sa lance. Les chars et la cavalerie étaient près de l'atteindre…"

(verset 6)

"(A sa demande) je m'approchai de lui et le tuai." David et tous les hommes qui étaient avec lui saisirent leurs vêtements et les déchirèrent. Et ils pleurèrent, jeûnèrent et se lamentèrent jusqu'au soir sur Saül et sur Jonathan son fils.

(versets 10-12)

II ROIS, chapitre I

Dolorum solatium
laborum remedium
mea michi cythara,

nunc quo maior dolor est
iustiorque meror est
plus est necessaria.

Strages magna populi
regis mors et filii
hostium victoria,

ducum desolatio
vulgi desperatio
luctu replent omnia.

Amalech invaluit
Israel dum corruit ;
infidelis iubilat
Philistea
dum lamentis macerat
se Iudea.

Insultat fidelibus
infidelis populus,
in honorem maximum

Tu soulages mes douleurs,
remédies à mes peines,
lyre qui soutiens mon chant,

plus nécessaire aujourd'hui
que la douleur est plus grande
et plus juste le chagrin !

Tout un peuple massacré,
le roi tué et son fils
dans cette victoire adverse :

la désolation des chefs,
le désespoir des petits
mettent l'univers en deuil.

Amalech dresse la tête
tandis qu'Israël s'écroule ;
de joie exulte la terre
des Philistins
tandis qu'on languit en larmes
dans la Judée.

Le peuple des infidèles
insulte celui des justes ;
entre la gloire suprême

plebs adversa
in derisum omnium
fit divisa.

Quem primum his prebuit,
victus rex occubuit.
Talis est electio
dei sui
talis consecratio
vatis magni,

insultantes inquiunt :
ecce, de quo garriunt,
qualiter hos prodidit
deus suus,
dum a multis occidit
dis prostratus.

Saul regum fortissime
virtus invicta Ionathe,
qui vos nequivit vincere,
permissus est occidere ;

quasi non esset oleo
consecratus dominico,
sceleste manus gladio
iugulatur in prelio.

Plus fratre mihi, Ionatha,
in una mecum anima,
que peccata, que scelera
nostra sciderunt viscera ?

nos ennemis
et la dérision suprême
sont divisés.

S'offrant lui-même à leurs rires,
le roi vaincu succomba.
"Tel avait été le choix
de son Dieu,
telle la consécration
d'un prophète !"

Ils profèrent leurs injures :
"Voyez, disent-ils, comment
ce grand Dieu dont ils se vantent
trahit les siens
quand sous les coups de nos dieux
il s'écroula."

Saül, le plus vaillant des rois,
Jonathan, courage indompté,
à celui qui ne put vous vaincre
il fut donné de vous tuer !

Comme si l'huile du Seigneur
ne l'avait oint et consacré,
l'épée d'une main criminelle
l'assassine dans le combat.

O Jonathan, mon plus que frère,
nos deux âmes n'en faisaient qu'une.
Quels péchés, dis-moi, et quels crimes
ont ainsi séparé nos corps ?

Expertes montes Gelboe
roris sitis et pluvie
nec agrorum primitie
vestro succurrant incole.

Ve ve tibi madida
tellus cede regia
qua et te, mi Ionatha,
manus stravit impia !

Ubi christus domini
Israelque incliti
morte miserabili
sunt cum suis perditi.

Tu mihi, mi Ionatha,
flendus super omnia ;
inter cuncta gaudia
perpes erit lacrima.

Planctus, Syon filie,
super Saul sumite,
largo cuius munere
vos ornabant, purpure.

Heu cur consilio
adquievi pessimo
ut tibi presidio
non essem in prelio !

Vel confossus pariter
morerer feliciter
cum quid amor faciat
maius hoc non habeat,

O montagnes de Gelboé,
que jamais ni pluie ni rosée
ne vous abreuve, et que les champs
soient sans moissons pour vos enfants !

Malheur à toi, terre humide
du sang de ton roi, versé
par la même main impie
que le tien, mon Jonathan,

où le prince oint du Seigneur
et les nobles d'Israël
de cette mort misérable
ont péri avec leurs hommes !

Mais c'est toi, mon Jonathan,
qu'il me faut pleurer d'abord :
parmi les joies à venir
toujours parleront ces larmes.

Poussez, filles de Sion,
votre plainte sur Saül
dont la générosité
vous avait ornées de pourpre.

A quel avis malheureux
ai-je, hélas ! prêté l'oreille,
de n'être pas au combat
parmi ceux que tu commandes ?

Et transpercé comme toi
bienheureux je serais mort
puisque l'amour ne pourrait
œuvre plus noble accomplir,

et me post te vivere
mori sit assidue
nec ad vitam anima
satis sit dimidia.

Vicem amicitie
vel unam me reddere
oportebat tempore
summe tunc angustie,

triumphi participem
vel ruine comitem,
ut te vel eriperem
vel tecum occumberem,

vitam pro te finiens
quam salvasti totiens,
ut te mors non iungeret
magis quam disiungeret.

Infausta victoria
potitus interea
quam vana, quam brevia
hic percepi gaudia !

quam cito durissimus
est secutus nuntius !
quem in suam animam
locutum superbiam,

mortuis, quos nuntiat,
illata mors aggregat,
ut doloris nuntius
doloris sit socius.

et que pour moi te survivre
n'est qu'autre mort chaque jour
car la moitié de mon âme
ne peut me suffire à vivre !

Echanger de cœur à cœur
l'amitié qui nous unit,
j'aurais dû vouloir le faire
au temps de la pire angoisse,

prendre part à ton triomphe
ou te suivre dans la ruine
pour t'en arracher peut-être
ou pour tomber avec toi.

Achevant pour toi ma vie
que tant de fois tu sauvas
pour que la mort nous unisse
et non qu'elle nous sépare.

Cependant je remportais
une funeste victoire :
combien vaine, combien brève
la joie que j'en ressentis !

Aussitôt vint l'interrompre
le plus cruel messager.
Ah ! que ne puisse à lui-même,
à son discours orgueilleux

la mort s'étendre, et le joindre
aux morts dont il fait la liste !
Le messager de douleur,
qu'il partage la douleur !

Do quietem fidibus ;
vellem ut et planctibus
sic possem et fletibus.

Lesis pulsu manibus
raucis planctu vocibus
deficit et spiritus.

Je fais taire ma cithare.
Que ne puis-je faire taire
mes pleurs aussi et mes plaintes !

Mes doigts gourds pincent les cordes
et s'enroue mon chant de deuil :
l'esprit même m'abandonne.

PLAINTE DE DAVID SUR ABNER

Abner envoya des messagers demander de sa part à David : "A qui appartient ce pays ?" et lui dire : "Fais alliance avec moi et ma force te sera en aide..."

(verset 12)

Quand Abner fut revenu à Hébron, Joab l'attira par ruse à l'intérieur de la porte, sous prétexte de lui parler, et là il le frappa au bas-ventre, le tuant ainsi pour venger le sang de son frère Asahel. Quand David eut appris ce crime, il dit : "Moi et mon royaume serons à jamais innocents devant le Seigneur du sang d'Abner, fils de Ner..."

(versets 27-28)

David dit à Joab et à tout le peuple qui était avec lui : "Déchirez vos vêtements, couvrez-vous de sacs, et lamentez-vous pour le deuil d'Abner." Le roi David suivit la civière et, tandis qu'ils ensevelissaient Abner à Hébron, le roi éleva la voix (pour la lamentation rituelle) et pleura sur le tombeau d'Abner.

(verset 31)

II ROIS, chapitre III

Abner fidelissime,
bello strenuissime

amor ac delicie
militaris glorie,

quod vis non prevaluit,
dolus in te potuit ;
per quem peris proditus,
par eius sit exitus,
nullis dignus fletibus,
quos tuus dat omnibus.

Dolus execrabilis,
casus miserabilis
cogunt ad continuas
hostem quoque lacrimas
dissolvitque pietas
mentes adamantinas.

Hostis regni
dum fuisti
manifestus,
semper claris
es triumphis
sublimatus.

Abner, fidèle entre tous,
le plus vaillant à la guerre,

toi qui eus tous les amours
de la gloire militaire,

ta volonté fut vaincue,
la ruse eut raison de toi
trahi par qui tu péris.
Que sa mort soit comparable,
sans faire couler les larmes
que la tienne arrache à tous !

Sa tromperie exécrable
et ton destin misérable
forcent tes ennemis même
à des pleurs intarissables
et la pitié attendrit
les cœurs d'acier le plus dur !

Tant que tu fus
à nous hostile
ouvertement,
toujours de gloire
et de triomphes
tu t'illustras,

Multis dampnis
nos multasti
nulla passus,
armis potens
sensu pollens
vir perfectus.

Israelis
murus fortis,
Iude metus,
inimicus
et amicus
eras summus.

Tandem nostris
cedens votis
inis fedus
et spe pacis
arma ponis
male tutus.

Dum timendum tibi credidisti
periculis cunctis providisti :
fide nostra fidens corruisti,
quam de tua vir verax pensasti.

Armati qui horruit
nomen Abner,
inermi prevaluit
tibi Abner.

Nec in via congredi
tecum ausus
portas urbis polluit
per hoc scelus.

de mille torts
tu nous lésas
sans rien souffrir,
puissant en armes
et par l'esprit,
héros parfait.

Toi, d'Israël
forte muraille,
craint de Juda,
pire ennemi
et vrai ami
tu fus, ensemble.

Cédant enfin
à nos désirs,
scellas le pacte
espoir de paix,
posas les armes
te croyant sûr.

Tu nous craignais   jadis, et sûr de toi,
de tous périls   tu savais te garder.
Nous fîmes paix,   et la foi te perdit
que tu vouas   à nos fausses promesses.

Celui qu'effrayait la gloire
    d'Abner en armes,
quand le trouva désarmé
    en triompha ;

et n'osant pas l'assaillir
    sur le chemin,
souilla le seuil de la ville
    de ce forfait.

Milites militie
ducem tantum
lacrimantes plangite
sic prostratum.

Principes iustitie
sumant zelum
in tam execrabile
vindicandum.

O soldats de sa milice,
   un si grand chef
pleurez-le, lamentez-vous :
   il gît à terre !

Que le zèle de Justice
   prenne les princes,
et qu'ils se vengent d'un crime
   tant exécrable !

PLAINTE AMOUREUSE*

* Voir ci-dessus, pages 13 à 16 et pages 29-30. J'imprime en
italique les strophes ne figurant que dans la version longue.

1.
Parce continuis
deprecor lamentis
nec, qua vincularis,
legem amoris
nimium queraris.

2.
Duris in cotibus
Rodope aut Ismarus
illum progenuit
neque nostri generis
puerum aut sanguinis.

3.
Non reluctantes
cedit ut rebelles,
sepe consilia
fallit exquisita,
gaudet querelis,
gaudet et lamentis ;
ridet et exangues
miseros amantes,
ridet et precordia
trahere suspiria.

1.
Cesse tes éternelles
plaintes, je t'en supplie ;
ne te lamente plus
des lois de l'amour
dont tu es prisonnière !

2.
Dans leur dure pierraille
le Rodope ou l'Ismarus
(et non l'un de nos proches
ni quelqu'un de notre sang)
engendrèrent ce jeune homme !

3.
Qui ne lui résiste,
il l'abat comme un rebelle ;
et l'intention
la meilleure, il la brise.
La plainte l'amuse
et l'amusent les pleurs ;
il se rit des langueurs
des malheureux amants ;
se rit des sentiments
trahis par leurs soupirs.

4.

Cunctos evasi
nexus infortunii
qui sola compede
stringor adamante.
Placet honestas,
unit utilitas.
Herent et verba
nobis tandem unica.
Non altis sermonibus,
solis loquor fidibus.

5.

Quantos preterita
genuere secula
quos insolubili
nexu graciosa
iunxit amicitia,
Nisum ut Eurialo
Pirithoum Theseo
Pollinicem Tideo !

6.

Quid David et Ionathe
fedus venerabile,
quid amici memorem
planctum lacrimabilem,
postquam Saul cecidit,
Ionathas occubuit,
dum sederet Sichelec
ceso victor Amalech !

4.
Moi qui échappai
aux contraintes du malheur,
me voici attachée
d'une entrave inflexible.
Sa grâce me plaît,
le plaisir nous unit.
Les mots qu'il me dit
adhèrent à moi, uniques.
Plutôt que par hauts discours
je lui parle avec ma lyre.

5.
Que d'amants engendrèrent
les siècles passés,
qu'indissolublement
par un lien très étroit
joignit la douce amitié :
Nisus avec Euryale,
Pirithoos et Thésée,
Pollynice avec Tydée !

6.
De David et Jonathan
chantons l'union vénérable,
et la plainte lamentable
de l'ami pour son ami,
quand sur le corps de Saül
découvrit mort Jonathan
dans Sichelec abattue
David vainqueur d'Amalech !

7.

Vivit adhuc Piramus
Thisbe dilectissimus
et amoris conscia
parietis rimula
primum illis cognita,
qua sibi colloquia
dividebant intima ;
optimus colloquiis
sed invidus osculis
disparabat corpora
paries spiritibus
solis quidem pervius.

8.

Sevus amor ultima
urget in discrimina.
Non ignis incendia
Bosfori non aspera
perhorrescit equora.
Quas dum sepe salebras
iuvenis temeritas
superasset, vincitur
tandem maris estibus.
Operitur Sestias.
Sestias in speculis
ponto perit iuvenis.

9.

Forma voce lingua bonus
gratus erat unice
solus Thracas inter omnes
Orpheus Euridice
cuius capto federe

7.

Souvenez-vous de Pyrame,
l'amant si cher de Thisbé,
et leur complice d'amour :
la fente dans la paroi
qui d'eux seuls était connue
et par où ils échangeaient
les tendres mots de l'aveu.
Accueillant à leurs paroles
mais hostile à leurs baisers
et désunissant leurs corps,
le mur n'était perméable
qu'au pur souffle des esprits.

8.

La cruauté de l'amour
entraîne aux pires extrêmes.
Ni les feux des incendies
ni les vagues du Bosphore
ne l'ont jamais effrayé
– détroit que souvent jadis
un jeune amant téméraire
a franchi, mais pour finir
le flot marin l'a vaincu.
En secret Héro l'attend :
mais la belle à ce spectacle
plonge au-devant de la mort.

9.

Beau d'aspect, de voix, de langue,
était chéri entre tous,
seul parmi le peuple thrace,
Orphée de son Eurydice :
captive de sa passion,

gestit omnes fugere.
Dumque procos fugit illa,
dente petit letifer
calce pressus coluber.
Orpheus illam modulis
urget insolabilis.

10.
Quercus illum vatem sequi
subigebant cithare
dulces modi, quos vocalis
temperat Calliope
sed nec curas pectore
efficax est demere.
Solam vates non adesse
queritur Euridicen,
ingemit Euridicen,
atque semper fidicen
retulit Euridicen.

11.
Linquit auras superiores
placet inanes visere sedes
fidibus in querulis
incumbendo modulis.
Manes sistit, Penas fugit,
Cerberi domantur ora ;
dire manant lacrime
prius incontigue.

12.
Tandem mitis carmine vatis
superum terror inferum rector :
tollat, inquit, Orpheus

elle fuit ses prétendants,
mais dans sa course au désert
son talon presse un serpent
aux dents de venin mortel.
Orphée, de ses chants mélodiques,
la rappelle, inconsolable.

10.
Les chênes suivaient le poète,
fascinés par la cithare
aux doux accents que la chanteuse
Calliope modulait,
sans pouvoir de sa poitrine
arracher cette douleur.
Car le seul souci du poète,
c'est l'absence d'Eurydice :
il cherche, il pleure Eurydice
et sur sa lyre, sans fin,
redit le nom d'Eurydice.

11.
Il abandonne et l'air et la terre,
descend visiter le séjour des ombres ;
et sur la lyre il entonne
les lamentations funèbres.
Ames et morts tremblent d'effroi,
Cerbère se laisse dompter ;
on verse d'affreuses larmes
au lieu qui n'en vit jamais.

12.
Par la musique adouci enfin,
le terrifiant maître des Enfers
déclare : "Prends-la, Orphée !

meritam melodibus,
lege certa, ne respecta
sole gaudeat dilecta.
Fallit amor Orphea :
respicit ad premia.

13.
Repetita lege
labitur Euridice.
Rursus vates
parat ire Manes
vector Stigio
prohibet ab alveo.
Luridus ab inferis
redditur auris
fata merens coniugis.

14.
Vincit amor omnia
regit amor omnia,
fuga tantum
fallitur amantum.
Fraude subdola
subnectendo modula
manus aures oculi
strenua pati
vix negant Cupidini.

Do quietem fidibus :
finem queso luctibus
tu curas alentibus.

Ton chant te l'a méritée.
Mais j'interdis qu'on la regarde
avant qu'elle ne sorte au jour."
L'amour d'Orphée l'a trahi :
il regarde son aimée.

13.
L'ordonnance s'applique :
Eurydice est retombée.
Orphée en vain
tente de revenir :
le nocher l'empêche
d'atteindre les bords du Styx.
Livide, il sort des Enfers,
retrouve l'air libre,
pleurant le sort d'une épouse.

14.
L'amour est vainqueur de tout,
l'amour est maître de tout :
seuls s'en libèrent
les amants qui le fuient.
Par l'astuce et la ruse
ils trament leur double jeu,
mais la main, l'oreille, l'œil
avec peine échappent
aux rigueurs de Cupidon.

Donne repos à ta lyre.
Mets fin, crois-moi, à ces plaintes
qui nourrissent ton malheur.

NOTE MUSICOLOGIQUE
PAR
GÉRARD LE VOT

QUE SAVONS-NOUS SUR LA MUSIQUE
DES *PLANCTUS* D'ABÉLARD ?

La musique des *Planctus* ou *Lamentations* de
Pierre Abélard a souvent tenté les éditeurs musicologues. A côté de la première étude à la fois poétique et paléographique réalisée par W. Meyer et
W. Brambach* en 1905, il faut citer sensiblement
à la même époque, en 1911, les travaux de F. Laurenzi**, et plus près de nous, en 1951, l'impor-
tante œuvre de restauration de ces chants effectuée
par Giuseppe Vecchi***.

Les six *Planctus* de Pierre Abélard ont été conservés principalement dans le *Codex* Reg. latin 288
de la Bibliothèque apostolique vaticane. Ce manuscrit (sigle V), selon E. M. Bannister probablement de la première moitié du XIIᵉ siècle pour ses

* W. Meyer et W. Brambach, *Gesammelte Abhandlungen
zur mittellateinischen Rythmik*, I, Berlin, 1905.
** F. Laurenzi, *Le poesie ritmiche di Pietro Abelardo*, Rome,
1911.
*** G. Vecchi, *Pietre Abelardo, I "Planctus"*, Modène, 1951.

deuxième et troisième parties, est une compilation de divers écrits latins* colligés dans le nord de la France, sans doute en Normandie. A. Wilmart** suppose sur la foi d'une notice au folio 87v que, sur la fin du XIIe siècle, le *Codex* passant en Flandre et étant devenu la propriété d'une abbaye du diocèse de Gand, les *Planctus* auraient alors été ajoutés à la fin de la troisième partie de la compilation.

Les six poèmes abélardiens consignés aux folios 63v, 64r et 64v sont copiés avec leurs notations musicales (*cf.* planches I, II et III). Situés au-dessus du texte poétique, il s'agit de neumes *in campo aperto*, c'est-à-dire sans ligne de portée horizontale, qui ne permettent pas de préciser avec une grande sûreté les hauteurs mélodiques, ni non plus la scansion rythmique originale de ces chants.

Bien des essais ont été accomplis afin de déchiffrer ces neumes à la diastématie hésitante qui étaient livrés à la curiosité des historiens de la musique. Pourtant, aucune de ces tentatives ne s'est révélée tout à fait satisfaisante, tant l'interprétation paléographique des sources musicales est difficile, pour ne pas dire impossible. En effet, afin de rendre compréhensibles au musicien d'aujourd'hui ces témoignages musicaux, les transcriptions en notation

* E. M. Bannister, *Monumenti Vaticani di Paleografia musicale latina*, Leipzig, 1913, XII.
** A. Wilmart, *Codices Reginense Latini*, Vatican, 1945, II.

courante proposées par les chercheurs depuis le début du siècle sollicitent le plus souvent de façon si considérable les documents qu'on en arrive à se demander dans quelle mesure les mélodies reconstituées archéologiquement ont encore un degré de parenté avec celles qui servaient au XIIe siècle à déclamer les poèmes d'Abélard.

A vrai dire, longtemps les musicologues ont été réduits aux conjectures les plus larges. Ainsi, Giuseppe Vecchi s'est efforcé de fonder vaille que vaille sa transcription du *Planctus Virginum Israel Super Filia Jephte Galaadite*, le *Planctus* III, au moyen de correspondances métriques et mélodiques qu'il avait cru pouvoir déceler dans une œuvre profane française, le *Lai des pucelles**, conservé avec sa mélodie en notation rythmique indifférenciée dans le chansonnier La Vallière**. Sa transcription, dont nous reproduisons le début, avec au-dessus la notation neumatique du *Codex* lat. 288 et au-dessous la mélodie du lai français profane (*cf.* exemple 1), reste sujette à caution ou pour le moins prête à une large discussion. Effectivement, si l'on peut admettre des similitudes entre les courbes mélodiques des deux chants rapprochés par le musicologue italien, on voit mal comment il est possible de les assimiler totalement avec une justification suffisante afin de prétendre qu'il s'agirait là des mélodies originales utilisées au Moyen Age

* *Coraigeus sui dels gens k'amors*, R. S. 1012.
** Ms. B. N., fr. 12615 (sigle T), fol. 71 *sq*.

pour chanter cette *Lamentation*. Ici Vecchi utilise la mélodie du lai français lorsqu'elle lui semble suivre celle des neumes du manuscrit du Vatican, et la laisse lorsqu'elle ne cadre pas avec sa lecture du document original. Il fait un usage sélectif du *contrafactum*. Par là même, le procédé apparaît comme un médiocre expédient.

Armand Machabey, en 1961*, allait s'efforcer de fonder ses transcriptions sur une analyse minutieuse des formules neumatiques du manuscrit du Vatican. Pour ce faire, il relève à l'aide de papier millimétrique les différences de niveau entre neumes voisins afin d'en tirer des conclusions mélodiques. A notre avis, il s'en remet de façon trop confiante à la main du copiste. Certes, sans ce dernier nous ne saurions rien des mélodies des *Planctus*. Il n'empêche qu'il ne faut jamais perdre de vue ni les conditions matérielles propres à l'écriture, ni non plus la tendance de la notation à faire écran par stylisation, clarification, parfois par détérioration, à la réalité toute physique et gestuelle du chant. Ainsi le peu de place dont le copiste disposait pour noter les neumes dans le manuscrit du Vatican – 41 lignes de texte ont été écrites sur une hauteur de 19 cm, ce qui laisse à peine un espace de 8 mm pour distribuer sur le poème la notation neumatique** –

* A. Machabey, *Les "Planctus" d'Abélard, Remarques sur le rythme musical du XIIe siècle*, in Romaina, 1961, p. 72-95.
** D'après L. Weinrich, *Peter Abaelard as musician*, II, in *The Musical Quaterly*, LV, 1969, p. 467.

ne permet pas de tirer des conclusions paléo-graphiques bien fiables en matière de hauteurs' mélodiques. Voilà pourquoi, comme l'écrivait finalement Machabey, les transcriptions "schématiques" qu'il obtient (*cf.* exemple 2) reproduisent "dans une tonalité *arbitraire* – c'est nous qui soulignons – et avec leur rythme les sinuosités de la mélodie, mais non sa formulation originelle qui, sauf dans le cas où elle se retrouverait sur un manuscrit à portées ou à notations alphabétiques, nous restera inconnue*".

Depuis la découverte pour le *Planctus David super Saul et Jonatha*, de leçons mélodiques préservées dans d'autres manuscrits, d'une part d'un *Codex* anglais de la fin du XIIIᵉ siècle conservé à la bibliothèque universitaire d'Oxford** (sigle O) et pourvu d'une notation quadrangulaire, très claire sur le plan mélodique, d'autre part d'un prosaire de la seconde moitié du XIIᵉ siècle, originaire de Nevers et acquis aujourd'hui par la Bibliothèque nationale à Paris*** (sigle P), il est possible de confronter pour le *Planctus* V les diverses versions musicales et de proposer, comme l'a tenté avec bonheur

* A. Machabey, *op. cit.*, p. 90.
** Oxford, Bibliothèque de l'université, ms. Bodl. 79, fol. 53v-56r.
*** *Cf.* M. Huglo, *Un nouveau prosaire nivernais*, in *Ephémérides liturgicae*, LXXXI, 1957, p. 3-30.

Lorenz Weinrich* en 1969, une transcription comparative des mélodies conservées qui ne soit pas le fruit de l'imagination du musicologue, mais présente des éléments de certitude (*cf.* exemple 3).

A partir de cette pièce, on peut caractériser brièvement la musique qui devait servir de support aux plaintes du poète**. Si les schémas métriques du *Planctus* V, par leur hétérométrie, conduisent à rapprocher ce poème du *descort* de la lyrique profane, les successions mélodiques telles qu'on les observe à partir de la transcription musicale de L. Weinrich :

section I	AAB	AAB	AAB	AAB
section II	CCDD	CCDD	CCDD	CCDD
section III	EEFF'	EEFF'	EEFF'	EEFF'...

sont de même parmi les structures les plus compliquées et les plus raffinées de la monodie médiévale. Elles se situent dans la mouvance formelle de la séquence latine, mais aussi dans celle de la poésie chantée profane en langue d'*oïl*, au moins par l'influence de ses formes les plus complexes, le *descort* déjà évoqué et le lai "indépendant" ou lai-*descort***.

---

* L. Weinrich, *op. cit.*
** Voir à ce sujet dans le livre de John Stevens, *Words and Music in the Middle Ages*, Cambridge, 1986, le chapitre consacré aux *planctus* latins et notamment au *Planctus David*, p. 119-130.
*** *Cf.* P. Bec, *La Lyrique française au Moyen Age*, I, Paris, 1977, p. 196-208.

De façon générale, l'un des aspects distinctifs du matériau mélodique employé dans le *Planctus David...* est la réitération de simples motifs syllabiques. Ces réitérations sont nombreuses, quasi excessives pour l'auditeur moderne en mal de variations musicales, surtout si cet auditeur ne se place pas de plain-pied dans la signification du poème latin et résiste de surcroît au pouvoir hypnotique et méditatif de la déclamation chantée, parce qu'il s'agit là d'un mode d'écoute de nos jours devenu inhabituel. Il existe néanmoins au sujet du *Planctus* V quelques indices d'une variation ornementale. En effet, la leçon du manuscrit O est assez nettement plus fleurie que celle des deux manuscrits les plus anciens, V et P. Doit-on en conclure que la musique du *Planctus* était fabriquée au moyen de formules syllabiques simples, de fragments mélodiques juxtaposés les uns aux autres et qu'il s'agissait de les gloser, de les orner avec savoir-faire ? Dès lors, faudrait-il comprendre la composition non comme une composition musicale aboutie et achevée que le chanteur était tenu de respecter comme l'œuvre intangible et inaliénable d'Abélard, mais plutôt comme le résultat de processus musicaux de nature orale* ?

* On lira à ce propos l'article de Michel Huglo paru dans les C.C.M., XXII, 1979, p. 349-361, *Abélard, poète et musicien*, article dans lequel l'auteur insiste sur la séparation entre fonction poétique et art musical dans la tradition de la séquence, p. 351-352.

La question du rythme à partir duquel les poèmes d'Abélard auraient été chantés apparaît fort controversée encore aujourd'hui. Comme c'est le plus souvent le cas pour la poésie chantée des XIIe-XIIIe siècles, aucune des sources musicales mentionnées n'indique de mesure régulière. Ceci entraîne une forte variabilité rythmique des transcriptions qui suivent les opinions fluctuantes des historiens... Alors que Laurenzi transcrivait en notation carrée grégorienne le *Planctus* II, le *Planctus Jacob Super Filios Suos*, sans donc proposer une mesure rigoureuse, au contraire W. Lipphardt présentait pour sa part une transcription mesurée en premier mode suivant le principe des rythmes ternaires en usage dans les notations plus tardives de la musique polyphonique du XIIIe siècle*. Armand Machabey rejettera cette solution des *modi* : "On se convaincra une fois de plus, écrit-il, que les *modi rythmici* sont loin de donner la clé des rythmes antérieurs à 1200 environ**..." Sa démonstration paléographique arrive à la conclusion que sur le plan rythmique la notation neumatique du manuscrit V emploierait "un système de durées relatives entre neumes simples et ligatures composées" dans lequel toutes les syllabes auraient des longueurs identiques, alors que les notes posséderaient des valeurs de temps différentes***. En un

* W. Lipphardt, *Unbekannte Weiden zu den Carmina Burana*, in *Archiv für Musikwissenschaft*, XII, 1955, p. 129.
** A. Machabey. *op. cit.*, p. 92.
*** A. Machabey. *op. cit.*, p. 88 surtout.

certain sens cette position n'était pas très éloignée de celle de Giuseppe Vecchi qui, rejetant aussi l'interprétation modale, préconisait un "rythme syllabique" égal en durée pour tout le poème. Quoi qu'il en soit de ces spéculations rythmiques si diverses, toutes font entrer une part très large de présupposés individuels (quand ce ne sont pas de pures inventions) dans la transcription musicale, cette transcription qu'on désirait être le reflet le plus exact possible de la réalité du chant médiéval…!

A la vérité, tenter de résoudre la question du rythme des *Planctus* d'Abélard, de même d'ailleurs que celle liée aux imprécisions mélodiques du *Codex Reg.* latin 288 du Vatican, avec la seule aide de la musicologie positiviste, c'est ne pas voir qu'il faut transporter la recherche sur un autre terrain d'étude, un autre mode de connaissance. En définitive, la façon d'aborder ces problèmes dépendrait principalement du regard que l'on porte sur l'écrit musical et sur le chant au Moyen Age. Par là même nous sommes renvoyés d'une part à la définition délicate d'une esthétique vocale au XIIᵉ siècle, d'autre part à la mise en jeu des procédures de l'épistémologie pratique*.

* G. Le Vot, *Histoire "ouverte" et espaces "transitionnels". A propos de la pratique et de l'étude du chant médiéval et du folklore musical*, in *Actes du colloque "De la recherche à la création dans les musiques traditionnelles"*, Clermont-Ferrand, 7-8-9 avril 1984.

Il s'agit alors, par le retour à la pratique musicale, de tenter d'évaluer – entre *trouver* (hier) et *créer* (aujourd'hui) – quels pouvaient être les systèmes d'apprentissage de ces chants, en quoi les nôtres, sur lesquels nous sommes contraints de nous appuyer pour rendre vie à ces plaintes, modifient les gestes techniques et vocaux de l'époque : la pose de la voix, la diction du latin, l'ornementation, etc. Les deux interprétations musicales de ces plaintes gravées sur disque, celle du Studio der frühen Musik* comme celle de l'ensemble Guillaume Dufay**, n'échappent pas à cette problématique du *trouver* et du *créer*. Et plutôt que de proposer, hormis peut-être le cas du *Planctus David*, une édition au fond irréalisable des *Lamentations* d'Abélard, qui, pour guider le musicien, masquerait maladroitement et surtout artificiellement, sur un plan historique, nos incertitudes, il vaut mieux, nous semble-t-il, dans le cadre de cet ouvrage, d'une part signaler le problème d'exégèse posé par le manuscrit incriminé, le *Codex* Reg. latin 288 du Vatican, de l'autre, renvoyer le musicien de maintenant à lui-même, à sa propre invention. Dans le concert pluriel présent, celui-ci sera ainsi convié, à partir de l'œuvre de traduction poétique de Paul Zumthor, à créer, suivant l'exemple de Carl Orff dans les *Carmina Burana*, de véritables "tropes de substitution" là où sans doute le passé est à jamais silencieux.

* Dirigé par T. Binkley, E.M.I., Electrola, 1974.
** Dirigé par A. Bedois, Erato, 1982.

Ex. 1 : *le début du* Planctus *III d'après G. Vecchi.*

Ex. 2 : *le début du* Planctus *I d'après A. Machabey.*

Ex. 3 : *les vers 1 et 3 du* Planctus *V d'après L. Weinrich.*

Planche I : *Vatican, Reg. lat. 288, fol. 63v.*

Planche III : *Vatican, Reg. lat. 288, fol. 64v.*

HISTOIRE DE MES MALHEURS
(HISTORIA CALAMITATUM)

PRÉFACE

Peu de textes sont moins neutres que le recueil communément dénommé *Correspondance d'Abélard et Héloïse* ; et, presque inévitablement, le lecteur y investit sa propre idéologie. Un livre allemand de Peter von Moos fit en 1974 la recension de ces interprétations divergentes, en en dénonçant avec verdeur les présupposés*. Je me borne, dans cette brève introduction, à resituer ces pages dans leur contexte historique.

La *Correspondance* nous a été conservée par plusieurs manuscrits, dont l'archétype semble bien être celui que possède la bibliothèque de Troyes sous le numéro 802, et qui fut copié à la fin du XIIIe siècle, cent cinquante ans après les événements qu'il relate. Ce manuscrit contient :

– une autobiographie d'Abélard, l'*Historia calamitatum* ("Récit de mes malheurs"), écrite en forme d'épître fictive adressée à un ami anonyme, et dont

* *Mittelalterliche Forschung und Ideologiekritik*, W. Fink Verlag, Munich.

le contenu impliquerait qu'elle fût datée de 1132, alors qu'Abélard était âgé de cinquante-trois ans ;

– une *Consolatio* envoyée à Abélard par Héloïse après que celle-ci eut pris connaissance de l'*Historia* ;

– une suite de trois lettres (Abélard à Héloïse, Héloïse à Abélard, Abélard à Héloïse) où les anciens amants, reprenant les éléments de l'*Historia* et de la *Consolatio*, reviennent sur leur passé commun et expriment leurs sentiments sur l'avenir qui les attend ;

– trois lettres, de caractère impersonnel, constituant une correspondance relative à l'administration du monastère du Paraclet, dont Héloïse était, vers 1129, devenue l'abbesse ;

– enfin, une Règle proposée par Abélard aux moniales placées sous la juridiction de son épouse.

Seuls les cinq premiers de ces documents nous intéressent. Mais, quoique apparemment hétérogène, l'ensemble possède une indiscutable cohérence interne, dont la définition (malaisée à fournir) détermine, jusqu'à un certain point, la signification que l'on prête à ses parties.

La plupart des médiévistes s'accordent aujourd'hui à voir dans la *Correspondance*, non le résultat pur et simple d'une collation de lettres originales, mais un dossier organisé : non certes un faux à proprement parler, mais une "œuvre", dans la mesure où ce mot implique intention et structuration. Si le lieu d'origine, dans l'espace et le temps, de cette œuvre reste sujet à discussion, du moins ne fait-il pas de doute que le monastère du Paraclet, près de Provins en Champagne, en fut le premier possesseur*.

C'est dans les limites tracées par ces quasi-certitudes matérielles que, depuis le milieu du XIXᵉ siècle, se sont opposées plusieurs propositions de lecture. En gros, je distinguerai quatre thèses :

– la *Correspondance* constitue un recueil authentique, remontant au début ou au milieu du XIIᵉ siècle, mais retouché légèrement au XIIIᵉ ;

– l'ensemble du texte est une sorte de roman épistolaire, à fin morale, dû à Abélard lui-même ;

– le recueil des lettres qu'elle avait échangées avec Abélard fut, en vue de sa diffusion, colligé et sans doute corrigé par Héloïse après la mort de son époux ;

– enfin, hypothèse radicale, il s'agit d'un dossier factice, compilé au Paraclet, dans la seconde moitié du XIIIᵉ siècle, sur la base de quelques documents authentiques, peut-être de souvenirs transmis oralement, et surtout de textes tardifs tendant à justifier les coutumes très particulières qui régissaient la vie de la communauté en question.

Dans tous les cas, la critique historique actuelle admet que le but ultime visé par le compilateur de la *Correspondance* fait de celle-ci, en quelque manière, un plaidoyer en faveur du Paraclet, fondation d'Abélard : soit, dans l'ordre moral, relativement

* *Pierre Abélard, Pierre le Vénérable* (Actes du colloque de Cluny, 1972), publié sous la direction de R. Louis, J. Jolivet et J. Châtillon, éditions du CNRS, 1975, p. 409-512.

à l'idée de la condition féminine impliquée par sa Règle ; soit, dans l'ordre ecclésiastique, afin de légitimer la forme de cénobitisme introduite et maintenue par celle-ci.

Je ne retracerai pas les polémiques auxquelles donna lieu chacun de ces points. Nous avons sous les yeux un texte, formé des documents I à V du dossier et constituant une narration continue : prenons-le pour tel, sans tenter l'inutile, je veux dire la remontée à l'événement. Nous avons à lire, à goûter et, si le cœur nous en dit, à juger un récit ; rien d'autre, en dépit de ce que des habitudes d'esprit encore romantiques nous porteraient à y chercher. D'ailleurs, avant que, vers 1840, des "antiquaires", comme on les appelait, ne commencent à s'interroger sur les tenants et aboutissants de la *Correspondance*, c'est cette seule lecture candide que l'on pratiqua. C. Charrier* a établi, voici soixante ans, la longue liste des ouvrages littéraires qui, chacun à la mode de son temps, exploitèrent comme un modèle classique cet illustre texte : dès environ 1280, Jean de Meun adaptait l'*Historia calamitatum* ; de la fin du XVIIe siècle au milieu du XIXe, je relève treize imitations plus ou moins libres en prose, et onze en vers, deux contrefaçons burlesques, à quoi l'on peut joindre des récits plus originaux, comme celui qu'inséra Rodolphe Tœpffer dans ses *Nouvelles genevoises* ; Rousseau ne donna pas par hasard le titre de *Nouvelle Héloïse* au livre

* *Héloïse dans l'histoire et dans la légende*, Paris, 1933.

que l'on sait, et deux romans un peu postérieurs brodent sur ce thème, l'un anonyme, l'autre de Restif de la Bretonne, *le Nouvel Abailard* (1778-1779) ; de nos jours encore, cette tradition subsiste : de la pièce de Roger Vailland au roman que j'ai publié moi-même chez Gallimard en 1969, *le Puits de Babel*...

*

Peu importe : narration fictive ou aveu autobiographique, le texte porte son propre sens, engendré dans ce lieu utopique où résonnent en lui les échos d'un monde (celui du XIIᵉ, du XIIIᵉ siècle) contre lequel il se construit en se l'assimilant. *Abélard* et *Héloïse* (je désigne ainsi les "personnages" revêtus de ces noms) se rangent dans la longue série des clercs et des clergesses qu'unirent à travers l'espace le lien épistolaire et quelque tendresse, depuis saint Jérôme et Eustochie, Fortunat et sainte Radegonde. Mais le cadre médiéval de la lettre, qui depuis cinq ou six siècles constituait un genre littéraire défini par un véritable canon, et proche de l'"essai" moderne, contraignait l'esprit à une démarche d'analyse puis de synthèse, propre à aider ce qui, de notre temps, apparaît comme confession ; et la langue latine, qu'emploient ces correspondants, assouplie par une plus riche expérience, sensibilisée par l'usage biblique, échappait en cela mieux que le français d'alors à la convention et au simplisme. C'est ainsi qu'*Héloïse*, non moins qu'*Abélard*, progresse lentement dans ses méandres intérieurs, où elle projette la lumière d'un feu toujours ardent après douze années de séparation. Néanmoins il serait vain de la lire avec l'"'immédiateté" que feignent d'exiger les confessions modernes. Rien du reste n'est plus étranger au Moyen Age, dans l'ordre des intentions comme dans celui des actes, que ce que nous désignerions approximativement de mots comme épanchement ou lyrisme. Plus qu'à aucune autre époque de notre histoire, l'individu fut alors étroitement tributaire d'un vocabulaire hérité, des associations idéelles et des connotations affectives inhérentes à celui-ci.

Le récit que font alternativement *Abélard* et *Héloïse* ainsi que le commentaire qu'ils intègrent à la narration même apparaissent déterminés par deux modes de pensée, que véhiculent deux rhétoriques (contemporaines, mais distinctes, au XIIᵉ siècle ; en conflit ouvert au XIIIᵉ) : ceux que, en simplifiant à peine, on qualifierait de "scolastique" d'une part, de "courtois" de l'autre.

Abélard et *Héloïse* plongent, par une partie de leur existence, dans le milieu de l'Ecole, dont Abélard fut l'un des maîtres et animateurs au temps même qu'il se constituait. De ce côté, c'est le langage exégétique et dialectique de la scolastique naissante qui formalise la pensée et parfois – chez *Abélard* surtout – emmaillote le sentiment. Si, comme il semble, l'état définitif du texte ne remonte pas au-delà du XIIIᵉ siècle, époque triomphale de la scolastique, la couche récente du document a pu être fortement imprégnée de ces éléments et accuser un caractère peut-être moins marqué à l'origine. Une tension, plus ou moins commune à toutes les civilisations (répugnance réciproque de l'esprit et du monde, décalage entre les rythmes de l'intellect et ceux de l'action), prend alors une rigueur radicale. L'instinct et la pensée sont incompatibles ; mais ces notions (comme le sentirent confusément les premiers scolastiques) en recouvraient une série d'autres, emmêlées : sensibilité et vouloir, réel concret et abstraction déductive, politique et théologie, économie et morale, puissance créatrice et science théorique, et, tout au fond, malgré certaines apparences, homme et Dieu. L'exemplaire vitalité d'un petit nombre d'individus dissimule à nos yeux, avec le recul du temps, ce que ces tendances eurent de contradictoire sur le plan collectif, et quel germe de décomposition elles entretinrent dans le monde des églises gothiques et du capitalisme naissant : l'idéalisme, et ensemble la gaillardise de la langue, l'ésotérisme mystique et la manie philologique, l'ascétisme cistercien et la politique clunisienne. La majorité des individus optent tour à tour pour des solutions extrêmes : ou bien la brutalité nue du réel, coupée de toute transcendance ; ou bien un don total à des valeurs abstraites, des formes convenues, que l'on présume épaulées par une invisible, stable et intemporelle surnature.

Dans le domaine du cœur, l'homme n'est pas moins déchiré. Les passions de l'amour, réprouvées par la tradition ecclésiastique, sommairement couvertes – plus dissimulées qu'avouées – par la morale matrimoniale, n'ont pas droit de cité : tout ce qui vit a été, par le clerc médiéval, enfermé dans des cadres rationnels et théoriques ; ce qui n'entre pas dans l'un de ces cadres n'a pas valeur de culture, reste sauvagerie répugnante. Les passions de l'amour demeurent en marge de l'univers conceptuel, d'autant plus vivaces ; indomptées, mais privées à la fois de langage et de cette relative sécurité que vaut l'insertion dans un ordre.

C'est ici qu'intervient la "courtoisie", qu'instaurèrent, du vivant d'Abélard et Héloïse, quelques lignages nobles, spécialement dans l'ouest et le sud-ouest de la France, et qui ne tarda pas à se diffuser dans le royaume entier, puis dans tout l'Occident chrétien. Le mot "courtoisie" a, il est vrai, le tort d'avoir vécu trop longtemps dans notre culture et servi à des usages trop divers. Historiquement, on peut lui conférer une signification limitée, restrictive, mais plus précise. *Courtois* qualifie, d'une part, un ensemble de mœurs impliquant l'adhésion individuelle à des valeurs généralement admises dans le milieu social que constituent les cours féodales les moins misérables ; ces valeurs définissent un idéal collectif qui allait bientôt exercer, de haut en bas, son prestige sur des couches de population marginales par rapport à l'aristocratie des chevaliers ; couches auxquelles, par leur naissance et leur éducation, appartiennent Abélard et Héloïse. On dit *courtois*, d'autre part, un ensemble d'"habitus" mentaux, à la fois éthiques et esthétiques, surtout remarquables dans la mesure où ils concernent les relations entre les sexes : topique idéelle, engendrant des contraintes insurmontables pour l'intelligence, le cœur et les gestes. A cette topique manquait encore un langage, lorsque vers l'an 1100 quelques poètes limousins (nos premiers *troubadours*) lui donnèrent leur voix, parvenant à surmonter l'inertie d'une pensée inapte à conceptualiser les mouvements de l'amour, et d'un idiome (l'occitan, bientôt le français) impropre jusqu'alors à les dire. La topique nouvelle atteint le niveau de la manifestation verbale, engendre une nouvelle rhétorique, articulée par une dialectique originale, dont le modèle abstrait est celle des relations entre seigneur et vassal.

Au centre du schème imaginatif et langagier où vont désormais s'inscrire des milliers de discours et le dynamisme du chant érotique (la voix parlée du désir), se pose une situation type, qui est celle de l'Obstacle. Le désir que je porte et qui me porte se tend vers un objet que, quelles que soient les circonstances et les modalités de ce fantasme, "je" ne posséderai jamais dans la "joie", c'est-à-dire dans la parfaite liberté et l'intemporalité du "jeu". A travers les innombrables variantes que comportent les destins individuels, l'obstacle est toujours là, immanent à tout. Non pas qu'on le conçoive mystiquement : le symbolisme courtois primitif reste terre à terre, l'obstacle amoureux est "signifié" dans son langage par la condamnation virtuellement portée contre le mariage. Le mariage, non les relations sexuelles comme telles, le mariage parce qu'il implique un droit de possession. Corrélativement, l'immanence de l'obstacle est rendue sensible par l'exigence du secret : sa divulgation tue l'amour. A son tour, la rhétorique que le XIIᵉ siècle lie à cette autre topique repose sur une affirmation fondamentale, rayonnant en métaphores caractéristiques : le désir s'identifie à son expression. Par là, il ennoblit l'être qui, à la fois, le ressent et l'exprime. Nous retrouvons ici, de façon inattendue, une des tendances spirituelles les plus profondes de la société médiévale : le réalisme du verbe, la foi quasi magique dans l'efficacité de la parole, du mot. Chez les poètes, cette double affirmation, antérieure à tout raisonnement, se traduit par les lieux communs : aimer, c'est chanter, l'amour réside dans le chant ; qui chante mérite l'amour. Parfaite circularité, dont le centre est ce couple désidéral, autour duquel gravite un univers éternellement autre.

De cette manière, paradoxalement, la relation entre elle et moi, moi et elle, cessait d'être soit une simple fonctionnalité biologique, soit un désordre ; elle prenait place, parmi d'autres réalités, dans la série des existences rationnellement valables, donc belles. Au reste, des schèmes intellectuels à l'aide desquels le Moyen Age se pensa, le schème courtois est le seul qui échappe entièrement à la tradition ecclésiale. En ce sens, s'il satisfaisait aux besoins de l'expression et des mœurs mondaines, il ne pouvait résoudre vraiment les conflits de l'existence ni apaiser une douleur profonde. Il est, certes, une question que l'esprit de ce temps n'avait pas la possibilité même de se poser : du vécu au pensé, quelle est la mesure ?

*

Le vertige de sa passion et l'épuisement physique où elle l'amène bientôt détournent *Abélard* de son enseignement. Il compose des chansons d'amour qui se répandent aussitôt dans la ville. *Héloïse* s'en flatte, comme l'eût fait une haute dame. Petite fille pour qui le grand monde courtois est le monde du bonheur... En des termes qui annoncent littéralement les vers d'un Bernard de Ventadour, elle insiste. Elle-même, dans les vicissitudes de son cœur, se livre à ce jeu qu'ont inventé les poètes : elle est tour à tour, elle est ensemble l'amant et la maîtresse, l'adorée et l'adorateur. Elle aime pour deux. Par génie d'abord, parce qu'elle est amoureuse et coquette, et cède au prestige du jour. Mais bientôt, c'est par nécessité qu'elle poursuivra son double rôle à elle seule...

La naissance d'un enfant, la violente réaction familiale poussent *Abélard* à proposer le mariage. *Héloïse* résiste, et tire ses arguments du fonds le mieux éprouvé des lieux communs courtois. Mais ils prennent sur ses lèvres le retentissement d'une prophétie. Le mariage ternirait la gloire des amants. Elle s'emporte et qualifie d'"obscène" la promiscuité de ce lien. Le mariage est incompatible avec la vie de l'intelligence, avilit le cœur et dissipe les forces vitales. *Abélard* n'entend rien. Aime-t-il encore ? Sans doute. Mais le sentiment du tort qu'il a causé réveille en lui la raison du moraliste : il se déchire, mais se plie à la logique, devenue absurde, de son vouloir. *Héloïse* s'accroche en vain à ses refus. Le mariage se célèbre. Mais *Abélard* exige qu'il soit tenu rigoureusement secret. *Héloïse* s'incline devant cette exigence ; aux indiscrets, elle ne redoute pas de mentir, avec serment ; non, *Abélard* n'est pas entré dans ces liens infamants, elle ne l'eût pas permis. *Abélard*, du reste, aussitôt après la bénédiction nuptiale, s'est écarté d'*Héloïse* et a pris un domicile séparé. La famille n'y comprend rien, flaire un piège, s'irrite, jase. *Abélard* enlève alors *Héloïse*, et demande pour elle asile aux moniales du couvent d'Argenteuil, chez qui il la cache sous le déguisement du froc ! Ce retournement est d'autant plus surprenant que, revenant sur ce passé, *Abélard* ne semble aucunement discerner ici une erreur de sa part. Le premier choc de l'expérience, après l'emportement incontrôlé de la passion, a ému en *Abélard* le théologien : il faut réparer, selon la norme fixée ; *Abélard* épouse. Mais, aussitôt cette réparation accomplie, il entre dans le silence ; la logique du théologien cède aux préjugés mondains : que l'épouse s'éloigne, que l'amour retourne au secret qui l'épure, que ressurgisse l'obstacle dont la présence poignante le nourrit. La situation courtoise sera rétablie, avec toutes ses fictions, à l'abri du statut matrimonial.

En invoquant ici encore le schème courtois, je n'entends pas y réduire absolument cette aventure. D'autres facteurs ont pu jouer. Au début du XIIe siècle, et depuis deux ou trois générations, régnait, parmi les clercs (dans leurs offices ecclésiastiques, politiques ou scolaires), un préjugé en faveur du célibat ; l'état de mariage était "mal vu", de la part d'un tonsuré – comme l'était Abélard – pourvu d'un poste important ; il pouvait nuire à sa carrière, tout au moins s'il comportait notoriété publique et vie commune. Il est probable qu'*Abélard* y songea. Pourtant, sur le plan conscient, le langage courtois, avec sa complication et ses ambiguïtés, s'était seul imposé.

Abélard en effet justifie sa seconde décision par les mêmes arguments qu'invoquait *Héloïse* contre la première. Il n'est plus question de cohérence ni de légitimité. Dans la situation nouvelle qu'il a lui-même créée, *Abélard* revient à ses attitudes antérieures. *Héloïse* est son épouse ; par la retraite qu'il l'a contrainte à prendre, *Abélard* semble s'être à lui-même interdit l'usage du droit conjugal. *Abélard* se heurte à l'obstacle qu'il dressa ainsi ; il viole, pour ainsi dire, sa propre femme, pourtant affectivement et physiquement consentante. Absurde irréalisme de la raison courtoise, tel que le doctrinaire André le Chapelain allait le définir très savamment vers 1180.

Avec les années et dans les perspectives de la mémoire, *Abélard* en viendra à se persuader qu'il s'est, au lendemain de ses épousailles, volontairement effacé devant Dieu, afin d'ouvrir à *Héloïse* une voie plus salutaire. Cette interprétation rétrospective ne convainc aucunement *Héloïse*. A l'instant même qu'elle a franchi, chez les moniales d'Argenteuil, la grille du chœur, elle a tout compris : son amour seul subsistera. Le renoncement du troubadour, quand il pénétrait dans le monde étroit des formes et des interdictions courtoises, était moins contraint que celui-là. Pourtant, il reste une analogie. *Héloïse* la transpose dans un registre plus authentique ; la solitude de son amour se referme sur l'autel d'un Dieu qu'elle n'a pas voulu. Elle a trouvé son Obstacle, et son Attente ; elle a donné, contre elle, forme à son désir.

Mais on ne réduit pas aisément les familles : *Fulbert*, oncle et tuteur, mène celle d'*Héloïse*. Aurait-il perçu, à sa manière, dans son honnêteté bornée, son affection trompée pour sa nièce, dans son juridisme de clerc, la contradiction d'*Abélard*, et combien dangereusement s'était rétablie la situation courtoise ? A l'obstacle des bienséances succédait l'obstacle double de l'éthique conjugale et du droit canon. *Fulbert* se ronge ; il combine l'attentat qui coûtera à *Abélard* sa virilité. Une jeune femme du clan a été insultée. Le clan la vengera. Il appliquera pour son propre compte la peine dont on peut présumer qu'un tribunal régulier l'aurait édictée… Mais plus encore : aux castrats, l'Eglise interdit l'exercice de toute charge pastorale ou administrative : en mutilant *Abélard*, *Fulbert* met fin à sa carrière…

La première douleur physique passée, la réaction d'*Abélard* est la honte. Il n'a qu'une pensée : disparaître du monde. Se cacher. A ce moment, *Héloïse* est bien loin de son souci. Puis il revient à elle : qu'elle disparaisse avec lui. Cela seul compte ; d'amour on ne parle plus, c'est une déroute. *Héloïse* laisse faire. Le seul refuge possible, c'est l'ombre définitive d'un cloître. Ensemble, *Abélard* et *Héloïse* prononcent, l'un à Saint-Denis, l'autre à Argenteuil, des vœux définitifs par lesquels ils se lient à la chasteté.

*

Un destin doublement irréparable s'est accompli. L'Obstacle est devenu absolu, il appartient désormais à la nature même, dans son horrible mutilation. *Héloïse* le sait mais ne l'avouera jamais. Elle conserve son amour en elle, sans l'autre… car qu'en reste-t-il à l'autre ? *Héloïse* se flatte qu'à défaut du plaisir la tendresse peut fonder encore une union. Le sacrifice du corps, elle le prend entièrement pour elle. *Abélard* est blessé, tragiquement ; mais, à l'égard de cet amour, il n'y a plus pour lui de sacrifice vraiment.

Quant à *Abélard*, il s'engage dans un long travail d'intériorisation. Quoique sa passion ait perdu le fondement naturel et l'appétit du plaisir, il ne cesse d'aimer. C'est alors, peut-on supposer, qu'il compose les *Planctus.* Le malheur d'*Abélard* a créé une situation où s'abolit le souvenir des erreurs passées. Un autre désir germe dans l'œuvre du musicien et du poète, grâce à elle peut-être (le chant, c'est l'amour !) : retrouver, véritablement, par une voie autre que le plaisir impossible, celle qu'on a perdue. Peu à peu, ce désir engendrera une longue pensée : *Abélard* retrouvera *Héloïse* en Dieu, si elle y veut consentir.

Cependant, Abélard a repris ses travaux théologiques. Ses ouvrages successifs font scandale. On lui reproche de manquer du sens du mystère. Au vrai, Abélard est maintenant *dans* le mystère. On le chasse de Paris ; on le condamne, on le maltraite. Il se réfugie en Champagne, fonde en 1120 le monastère du Paraclet, doit l'abandonner. Emprisonné à Saint-Denis, il finit, pour se libérer d'un monde odieux, par accepter la charge d'abbé du couvent de Saint-Gildas-de-Rhuys, en Bretagne bretonnante, au milieu d'une population misérable, et de moines brigands qu'il tentera pendant six ans (de 1128 à 1134) de gouverner. Assailli un soir par ses ouailles, irritées des réformes qu'il veut introduire, il tombe de cheval et se brise plusieurs vertèbres. Désormais infirme, il se considère comme déjà mort. Il se souvient. Il cède un instant au désespoir. Dieu lui-même l'a-t-il abandonné ?

C'est alors qu'*Abélard* écrit le récit de ses malheurs...

Nous sommes en 1132. Une douzaine d'années se sont écoulées depuis la crise qui sépara les époux. Quels cheminements a suivis la pensée d'Abélard ?

Vers 1129, Héloïse et ses compagnes ont été, par l'abbé de Saint-Denis, jetées à la porte du couvent d'Argenteuil. Elles ont mené quelque temps une vie errante et misérable. Abélard en a eu pitié. Il a fait donner à Héloïse, par l'autorité ecclésiastique, l'abbatiat du Paraclet. Plusieurs fois, il a dû se rendre auprès d'elle, afin de régler quelque question administrative. Mais il affecta d'écarter, de ces entretiens, toute confidence, toute parole personnelle. *Héloïse* se plaint qu'il ne l'ait pas même mise au courant des persécutions auxquelles il est en butte dans l'Ecole. Cependant, l'*Historia calamitatum* est tombée dans ses mains. Elle lit, bouleversée, ce récit où les malheurs publics d'*Abélard* apparaissent tellement mêlés à ceux qu'engendra son amour que celui-ci semble en avoir été le ferment, sinon la cause même. *Héloïse* rompt ce mur de silence qui l'emprisonne : elle écrit...

Si *Abélard* répond, c'est qu'il a désormais conscience d'accomplir une mission. Il a charge de contraindre *Héloïse* ; de retourner en elle cet amour et, fût-ce au prix d'atroces douleurs, de le lui faire apparaître dans son aspect éternel.

D'ABÉLARD A UN AMI

Abbaye de Saint-Gildas, Bretagne

Il est souvent plus aisé de toucher le cœur d'autrui par l'exemple que par des discours. Aux faibles consolations que je vous présentai durant notre entretien, j'ai résolu de joindre par écrit le récit, réconfortant pour vous, de mes propres malheurs. Vous comparerez ainsi mes épreuves aux vôtres et, reconnaissant que celles-ci sont relativement bien peu de chose, vous les trouverez plus tolérables.

Je suis originaire du bourg du Pallet, situé aux confins de la Petite-Bretagne, à environ huit milles à l'est de Nantes. Si je dois à cette patrie, ainsi qu'à l'héritage de mes aïeux, une légèreté naturelle d'esprit, mon génie propre m'a conféré le goût des études littéraires. Mon père avait eu quelque teinture des lettres, avant d'entrer dans l'état militaire.

Par la suite, il se reprit d'une telle passion pour les arts libéraux qu'il décida d'y faire initier tous ses fils avant même de les former au métier des armes. Ce programme fut appliqué. Mon père s'occupa de mon éducation avec d'autant plus de zèle qu'étant l'aîné je lui étais plus cher. Pour moi, les progrès que je fis dans l'étude, et la facilité que j'y manifestai m'y attachèrent avec une ardeur croissante. Elle exerça bientôt un tel charme sur moi que, abandonnant à mes frères l'éclat des gloires militaires, ma part d'héritage et mes prérogatives de droit d'aînesse, je délaissai complètement la cour de Mars et me retirai au giron de Minerve. Je préférais, à toutes les autres disciplines philosophiques, la dialectique et son arsenal : j'échangeai donc contre ces armes-là celles de la guerre, et sacrifiai les triomphes du combat à ceux de la dispute. J'entrepris de parcourir les diverses provinces, participant, émule des péripatéticiens, aux discussions publiques partout où j'entendais dire que l'on cultivait cet art.

J'arrivai enfin à Paris, où depuis longtemps la dialectique florissait, spécialement auprès de Guillaume de Champeaux, que l'on considère à bon droit comme mon principal maître dans ce genre d'enseignement. Je commençai par fréquenter quelque temps son école, mais lui devins bientôt très incommode, car je m'efforçais de réfuter certaines de ses thèses, argumentais contre lui, et parfois l'emportais. Mes succès provoquaient, chez ceux de mes condisciples que l'on tenait pour les plus habiles, une indignation d'autant plus grande que j'étais le plus jeune et le dernier venu aux études. C'est d'alors que je date le début des infortunes dont je suis aujourd'hui encore la victime. Ma renommée grandissait de jour en jour : l'envie s'allumait contre moi. Enfin, présumant trop de mon génie, et oublieux de la faiblesse de mon âge, j'aspirai, malgré ma grande jeunesse, à diriger à mon tour une école. J'avais fixé en principe le lieu où je grouperais mes disciples : c'était Melun, ville illustre à cette époque, et résidence royale. Mon maître devina ce projet et mit secrètement tout en œuvre pour m'obliger à éloigner ma chaire davantage de la sienne. Avant même que je ne quittasse son école, il résolut de m'empêcher de fonder la mienne, et tenta de m'enlever le lieu que j'avais choisi. Mais la jalousie lui avait créé des ennemis parmi les grands de la terre ; je sus me faire aider par eux, et parvins à mes fins. Bien plus, l'envie que montrait Guillaume à mon égard me valut de nombreuses sympathies. Dès mes premières leçons, je m'acquis un tel renom de dialecticien que la réputation de mes condisciples, la gloire même de mon maître en furent presque effacées. Plein d'orgueil, sûr de moi, je transférai bientôt mon école à Corbeil, ville toute proche de Paris, afin d'y poursuivre plus vivement ce tournoi intellectuel.

Ma santé ne tarda pas à souffrir d'un tel surmenage. Je tombai gravement malade, et me vis contraint de regagner mon pays natal. Pendant plusieurs années je restai, pour ainsi dire, exilé de France, ardemment regretté par tous les fervents de la dialectique. Le temps passait ; j'étais depuis longtemps rétabli, quand mon ancien maître Guillaume, alors archidiacre de Paris, prit l'habit chez les clercs réguliers. Il nourrissait l'espoir, racontait-on, que cet acte public de vertu religieuse lui faciliterait l'accession à la prélature. Il n'eut guère besoin d'attendre : on l'éleva au siège épiscopal de Châlons. Pourtant, ce changement de profession ne lui fit abandonner ni Paris ni les études philosophiques. Dans le monastère même où, par piété hypocrite, il s'était retiré, il rouvrit aussitôt un cours public. Je revins auprès de lui, afin d'étudier la rhétorique. Nous eûmes de nouvelles controverses, et je finis, à l'aide d'arguments irréfutables, par lui faire modifier sa théorie des universaux ; je ruinais ses positions. En effet, il enseignait, sur ce point, l'identité parfaite de l'essence dans tous les individus d'un même genre : la diversité entre ceux-ci provient, soutenait-il, de la seule multiplicité des accidents. Je le contraignis à amender cette doctrine : à la notion d'identité de l'essence, il substitua celle d'indifférenciation. Or, la question des universaux a toujours passé chez les dialecticiens pour un problème clé : Porphyre, y touchant dans ses *Préliminaires*, n'ose rien décider et se contente de remarquer que "tel est le point critique de ce genre de spéculation". Obligé de réviser sa théorie, puis de l'abandonner, Guillaume vit son enseignement tomber dans le discrédit. Comme si la dialectique se ramenait entièrement au traité des universaux, on lui retira l'enseignement officiel de cette discipline ! Cette situation nouvelle conféra à mon propre enseignement tant de force et d'autorité que les partisans, jadis les plus chauds, de Guillaume, mes adversaires jadis les plus tenaces, accoururent auprès de moi. Le successeur de Guillaume à l'école épiscopale de Paris m'offrit sa chaire et prit place dans la foule de mes élèves, aux lieux mêmes où, peu de temps auparavant, florissait l'éloquence de notre maître commun.

Bientôt je régnai sans partage dans le domaine de la dialectique. Il serait difficile d'exprimer l'envie qui desséchait Guillaume, l'amertume qui fermentait en lui. Incapable de contenir son ressentiment, il chercha encore une fois à m'écarter par la ruse. Il manquait de prétexte pour m'attaquer ouvertement. Il fit, sur des griefs infamants, destituer celui qui m'avait cédé sa chaire, et en mit un autre à sa place, pensant ainsi me créer un rival. Je revins alors à Melun et y reconstituai mon école. Plus l'envie me poursuivait à la face du monde, plus je gagnais en autorité !

La grandeur attire l'envie ; sur les cimes se déchaînent les vents,

dit le poète.

Guillaume ne tarda pas à comprendre que la plupart de ses disciples doutaient de la sincérité de sa conversion ; des bruits désobligeants couraient à son sujet ; on lui reprochait en particulier de n'avoir pas quitté la ville. Il se transporta donc, avec un petit groupe d'élèves et de frères, dans une ferme à quelque distance de Paris. Je revins aussitôt de Melun dans la capitale, espérant qu'il me laisserait désormais tranquille. La chaire était toujours occupée par le concurrent qu'il m'avait suscité ; j'installai donc mes élèves hors de la Cité, et établis mon camp sur la montagne Sainte-Geneviève : je semblais ainsi mettre le siège devant l'usurpateur ! A cette nouvelle, Guillaume se hâta, sans pudeur, de regagner la ville, ramenant à son ancien cloître sa confrérie et les disciples qu'il pouvait encore avoir : il venait libérer de mes attaques son chevalier enfermé dans la place ! Mais, par cet effort même, il le perdit. Il restait encore à cet homme, en effet, quelques élèves, attirés surtout par le cours qu'il donnait sur Priscien, et que l'on jugeait excellent. A peine son maître fut-il de retour que tout son auditoire l'abandonna, et il dut résigner ses fonctions de directeur d'école. Bientôt, désespérant, semble-t-il, des gloires de ce monde, il entra lui-même en religion. Vous connaissez les discussions que mes élèves soutinrent dès lors contre Guillaume et contre ses disciples, les succès que la fortune nous donna dans ce conflit et la part qui m'en revint. Je peux vraiment m'appliquer, avec plus de modestie, mais non moins d'audace, les paroles d'Ajax :

Vous demandez l'issue de ce combat : je n'ai pas été vaincu.

Voudrais-je ne rien dire de mon triomphe que les faits parleraient d'eux-mêmes, et l'événement le proclamerait. Cependant, Lucie, ma mère très chère, me rappela en Bretagne. Mon père, en effet, Béranger, venait de faire profession monastique, et elle-même se disposait à l'imiter. J'assistai à la prise d'habit, puis revins en France, surtout dans l'intention d'étudier la théologie. Guillaume l'enseignait depuis peu, avec succès, dans son évêché de Châlons. Son maître dans cette discipline avait été Anselme de Laon, la plus haute autorité de ce temps.

C'est auprès de ce vieillard que je me rendis. Il devait sa réputation plus à la routine qu'à l'intelligence ou à la mémoire. Frappait-on à sa porte pour le consulter sur une question douteuse, on revenait avec plus de doutes encore. Il était, certes, admirable devant un auditoire muet, mais se montrait nul dès qu'on l'interrogeait. Il avait une grande facilité de parole, mais peu de profondeur et point de logique. Le feu qu'il allumait emplissait sa maison de fumée sans donner aucune lumière. C'était un arbre feuillu, imposant de loin ; mais qui le regardait avec attention n'y voyait point de fruits. Je m'étais approché pour en cueillir, mais je reconnus en lui le figuier maudit par le Seigneur, ou le vieux chêne auquel Lucain compare Pompée :

> *C'est l'ombre d'un grand nom : tel un chêne*
> *élevé dans une plaine féconde.*

Du jour où je me fus convaincu de sa stérilité, je ne restai pas longtemps oisif à son ombre. Je me montrai de moins en moins assidu à ses leçons. Quelques-uns de ses disciples les plus distingués s'en froissèrent, comme d'une marque de mépris envers un si grand maître. Ils entreprirent de l'exciter en secret contre moi, et par leurs insinuations perfides réussirent à provoquer sa jalousie. Un jour, après un exercice de controverse, nous nous entretenions plaisamment entre camarades. L'un d'eux, désirant me mettre à l'épreuve, me demanda ce que je pensais de la lecture des livres saints. Je n'avais encore fait d'études spécialisées que dans le domaine de la physique ; néanmoins, je répondis que la Bible constituait la plus salutaire des lectures, puisqu'elle nous éclaire sur le salut de notre âme : quant à moi, toutefois, je m'étonnais beaucoup que des gens instruits eussent besoin, pour la comprendre, d'ajouter, au texte et à la glose, un commentaire. Ma réponse provoqua un rire presque général. On me demanda si j'aurais la présomption de tenter une explication à livre ouvert. Je me déclarai prêt à subir cette épreuve, si l'on voulait. Les cris et les rires autour de moi s'élevèrent de plus belle : "Assurément, nous y consentons ! – Qu'on me soumette donc, repris-je, un texte peu connu, avec sa glose, et je m'exécuterai."

Mes camarades se concertèrent, et choisirent une prophétie très obscure d'Ezéchiel. Je pris ce texte, et les invitai à venir entendre le lendemain mon commentaire. Ils m'accablèrent alors de conseils dont je ne voulus rien entendre : je ne devais pas me hâter à ce point, l'entreprise était ardue, mon inexpérience exigeait que je prisse plus de temps pour mettre au point ma méthode d'interprétation. Je répliquai avec vivacité qu'il n'était point dans mes habitudes de compter avec le temps, mais que je me fiais à l'inspiration. J'ajoutai que, s'ils refusaient de venir m'entendre dans le délai que j'avais fixé, je renoncerais à tenter l'épreuve. J'eus peu de monde à la première réunion : on me jugeait en effet assez ridicule d'aborder, avec cette désinvolture et sans aucune préparation exégétique, la lecture du livre saint. Pourtant, tous ceux qui m'entendirent furent enchantés, au point de faire publiquement mon éloge. Ils m'engagèrent à poursuivre mon exposé, selon la même méthode. Le bruit s'en répandit : ceux qui n'avaient pas assisté à la première séance accoururent à la seconde et à la troisième, tous prenant des notes, et s'informant de ce que j'avais déjà dit.

Ce nouveau succès provoqua chez le vieil Anselme une violente jalousie. Il céda aux instigations malveillantes dont j'étais l'objet, et entreprit de me persécuter pour mon cours d'exégèse comme l'avait fait autrefois Guillaume pour la philosophie. Il avait dans son école deux élèves particulièrement doués : Albéric de Reims et Lotulphe le Lombard. Ceux-ci, très sûrs d'eux-mêmes, n'en avaient que plus d'hostilité envers moi. J'acquis plus tard la preuve que leurs insinuations achevèrent d'ébranler le vieillard : imprudemment, il m'interdit de continuer dans sa chaire l'explication que j'y avais ainsi commencée, prétendant qu'on le rendrait responsable des erreurs que le manque de formation technique pourrait me faire commettre. Mes condisciples s'émurent à la nouvelle de cette interdiction : jamais envie calomniatrice ne s'était aussi ouvertement manifestée. Son évidence même tournait à mon honneur, et la persécution à ma plus grande gloire.

Peu de jours après, je revins à Paris. Je réintégrai la chaire qui, depuis qu'elle m'avait été offerte, me restait réservée, et dont j'avais été provisoirement expulsé. Je l'occupai en toute tranquillité durant quelques années. Dès le début de mon cours, je repris, pour la terminer, l'interprétation d'Ezéchiel que j'avais commencée à Laon. Mes leçons furent bien accueillies : on ne tarda pas à reconnaître que mon talent théologique égalait mon génie de philosophe. Je professais concurremment les deux disciplines ; l'une et l'autre attiraient à mon école une foule enthousiaste. Vous n'ignorez ni le profit matériel ni la gloire que j'en tirai : la renommée vous en informa.

Mais la prospérité enfle toujours les sots, la sécurité matérielle énerve la vigueur de l'âme et la dissout facilement parmi les séductions charnelles. Je me crus désormais le seul philosophe sur terre ; aucune attaque ne me semblait plus à craindre. Moi qui jusqu'alors avais vécu dans une stricte continence, je commençai à lâcher la bride de mes désirs. A mesure que j'avançais dans l'étude de la philosophie et de la théologie, l'impureté de ma vie m'éloignait davantage des philosophes et des saints. N'est-ce pas, en effet, à la chasteté surtout que durent leur grandeur humaine tant de philosophes, et plus encore les saints, j'entends les êtres les mieux attentifs aux leçons de l'Ecriture ? Nul ne saurait en douter. Mais l'orgueil et l'esprit de luxure m'avaient envahi. Malgré moi, la grâce divine sut me guérir de l'une et de l'autre : de la luxure d'abord, puis de l'orgueil. De la luxure, en m'enlevant les moyens de m'y livrer. De l'orgueil que la science (selon le mot de l'apôtre : "La science enfle le cœur") avait fait naître en moi, en m'humiliant par la destruction publique du livre dont je tirais le plus de fierté.

Je tiens à vous raconter cette double histoire. Vous l'avez apprise par ouï-dire ; mais je vous exposerai les faits eux-mêmes, dans l'ordre où ils se sont produits.

J'abhorrais le commerce grossier des prostituées. La préparation de mes cours ne me laissait pas le loisir de fréquenter les femmes de la noblesse, et j'avais peu de rapports avec celles de la bourgeoisie. Mais la fortune me caressant, comme on dit, alors qu'elle me trahissait, trouva un moyen plus séduisant pour faciliter ma chute : je tombai de mes hauteurs sublimes, et la miséricorde divine, en m'humiliant, sut tirer vengeance de mon orgueil, oublieux des grâces reçues.

Il y avait alors à Paris une jeune fille nommée Héloïse, nièce d'un certain chanoine Fulbert. Celui-ci, qui l'aimait tendrement, n'avait rien négligé pour lui donner une éducation raffinée. Elle était assez jolie, et l'étendue de sa culture en faisait une femme exceptionnelle. Les connaissances littéraires sont si rares chez les personnes de son sexe qu'elle exerçait un irrésistible attrait, et sa renommée courait déjà le royaume. Je la voyais ainsi parée de tous les charmes qui attirent les amants. Je pensai qu'il me serait aisé d'engager avec elle une liaison. Je ne doutais pas du succès : je brillais par la réputation, la jeunesse et la beauté ; il n'était pas de femme auprès de qui mon amour eût à craindre de refus. Héloïse, j'en étais persuadé, prêterait d'autant moins de résistance qu'elle avait une solide instruction et désirait l'élargir encore. Lors même que nous serions parfois séparés, nous pourrions, par la correspondance, rester présents l'un à l'autre. Au reste, les mots que l'on écrit sont souvent plus hardis que ceux que l'on prononce de bouche. La joie de nos entretiens ne connaîtrait pas d'interruption.

Tout enflammé d'amour pour cette jeune fille, je cherchai l'occasion de nouer avec elle des rapports assez étroits pour me faire pénétrer dans sa familiarité quotidienne, et l'amener plus facilement à céder. Dans ce but, je me fis présenter à son oncle par des amis communs, qui lui proposèrent de me prendre en pension. Sa maison était en effet proche de mon école ; quant au prix, il le fixerait lui-même. Je prétendis que le soin d'un ménage nuisait à mes études, et que la dépense en grevait trop mon budget. Non seulement Fulbert était des plus cupides, mais il se montrait fort soucieux de faciliter les progrès de sa nièce dans les belles-lettres. Je flattai ces deux passions, et obtins sans peine son consentement, réalisant ainsi mon désir. Il cédait à son amour de l'argent, et formait l'espoir que sa nièce profiterait de ma science. Il insista sur ce point. Ses prières comblaient mes vœux au-delà de toute espérance ; servant lui-même mon amour, il confia Héloïse à ma direction souveraine, me supplia de consacrer à son instruction tous les instants de liberté que, de jour ou de nuit, me laisserait mon enseignement ; si elle se montrait négligente, je devais recourir aux châtiments les plus violents. La naïveté du vieillard me laissa stupéfait. Je ne revenais pas de mon étonnement : confier ainsi une tendre brebis à un loup affamé ! Il me chargeait non seulement de l'instruire, mais de la châtier sans retenue : qu'eût-il fait d'autre, s'il avait voulu donner toute licence à mes désirs, et me fournir l'occasion, même contre mon gré, d'obtenir par les menaces et les coups ce que les caresses pourraient être impuissantes à conquérir ? Il est vrai que deux raisons contribuaient à écarter de l'esprit de Fulbert tout soupçon infamant : l'affection que lui portait sa nièce, et ma propre réputation de continence.

Qu'ajouterais-je ? Un même toit nous réunit, puis un même cœur. Sous prétexte d'étudier, nous nous livrions entiers à l'amour. Les leçons nous ménageaient ces tête-à-tête secrets que l'amour souhaite. Les livres restaient ouverts, mais l'amour plus que notre lecture faisait l'objet de nos dialogues ; nous échangions plus de baisers que de propositions savantes. Mes mains revenaient plus souvent à son sein qu'à nos livres. L'amour plus souvent se cherchait dans nos yeux l'un de l'autre que l'attention ne les dirigeait sur le texte. Afin de mieux détourner les soupçons, l'amour me poussait parfois à la frapper : l'amour, non la colère ; la tendresse, non la haine, et la douceur de ces coups nous était plus suave que tous les baumes. Quoi encore ? Notre ardeur connut toutes les phases de l'amour, et tous les raffinements insolites que l'amour imagine, nous en fîmes aussi l'expérience. Plus ces joies étaient nouvelles pour nous, plus nous les prolongions avec ferveur, et le dégoût ne vint jamais.

Cette passion voluptueuse me prenait tout entier. J'en étais venu à négliger la philosophie, à délaisser mon école. Me rendre à mes cours, les donner provoquait en moi un violent ennui, et m'imposait une fatigue intolérable : je consacrais en effet mes nuits à l'amour, mes journées à l'étude. Je faisais mes leçons avec négligence et tiédeur ; je ne parlais plus d'inspiration, mais produisais tout de mémoire. Je me répétais. Si je parvenais à écrire quelque pièce de vers, elle m'était dictée par l'amour, non par la philosophie. Dans plusieurs provinces, vous le savez, on entend souvent, aujourd'hui encore, d'autres amants chanter mes vers...

On imaginerait difficilement la tristesse que ressentirent mes élèves, leur douleur, leurs plaintes, lorsqu'ils se rendirent compte de la préoccupation, que dis-je ? du trouble de mon esprit. Un état aussi manifeste ne pouvait guère échapper qu'à une personne au monde : celle dont l'honneur était directement menacé, l'oncle d'Héloïse. On avait essayé plusieurs fois de lui inspirer quelque inquiétude. Mais son immense affection pour sa nièce, non moins que ma réputation de chasteté, fondée sur toute ma vie passée, l'empêchaient d'ajouter foi à ces on-dit. Il est malaisé de croire à l'infamie de ceux qu'on aime – et dans une grande tendresse la honte du soupçon ne pénètre pas. Comme le dit saint Jérôme, dans son épître à Sabinien :

Nous sommes toujours les derniers à connaître les plaies de notre maison et, lors même que tous les voisins se rient des vices de nos enfants, de nos épouses, nous seuls les ignorons.

Pourtant, ce qu'on apprendra le dernier, on l'apprend néanmoins, et ce que tous connaissent ne peut à la longue échapper à un seul. Au bout de quelques mois, nous en fîmes l'expérience. Quelle douleur que celle de Fulbert à cette découverte ! Quelle souffrance pour les amants, contraints de se séparer ! Quelle honte, quelle confusion pour moi ! Avec quel désespoir je partageai l'affliction d'Héloïse ! Quel flot d'amertume en elle souleva l'idée de mon déshonneur ! Chacun de nous se lamentait, non sur son propre sort, ses propres infortunes, mais sur celles de l'autre.

La séparation de nos corps rapprocha nos cœurs davantage ; notre amour, privé de toute consolation, s'en accrut encore. La publicité même du scandale nous y rendait insensibles, et nous perdions d'autant plus toute pudeur que la jouissance de la possession nous devenait plus douce. Aussi nous arriva-t-il ce que les poètes racontent de Mars et de Vénus lorsqu'ils furent surpris.

Bientôt, Héloïse se rendit compte qu'elle était enceinte. Elle me l'écrivit aussitôt, avec des transports de joie, me consultant sur la conduite à tenir. Une nuit, profitant de l'absence de son oncle, je l'enlevai secrètement, ainsi que nous en étions convenus. Je la fis, sans délai, passer en Bretagne, où elle resta chez ma sœur jusqu'au jour où elle accoucha d'un fils, qu'elle nomma Astrolabe.

Sa fuite avait rendu Fulbert comme fou. Qui n'en fut pas témoin ne peut se faire une idée de la violence de sa douleur et de l'excès de sa honte ! Certes, il ne savait trop comment agir contre moi ni quelles embûches me tendre. Me tuer, me mutiler ? Il craignait trop les représailles auxquelles les miens se livreraient sur sa nièce chérie. Se saisir de moi, et me séquestrer quelque part ? C'était bien impossible, car je me tenais sur mes gardes, le sachant homme à tout oser. Enfin, j'eus pitié de son affliction. M'accusant moi-même, comme de la pire trahison, du vol que lui avait fait l'amour, j'allai le trouver, le suppliai, et lui promis toutes les réparations qu'il lui plairait d'exiger. Je l'assurai que mon aventure ne surprendrait aucun de ceux qui éprouvèrent la violence de l'amour et savent dans quels abîmes les femmes, depuis l'origine du monde, ont toujours précipité les grands hommes. Pour achever de l'adoucir, je lui offris une satisfaction qui dépassait tous ses espoirs : j'épouserais celle que j'avais séduite, à la seule condition que le mariage fût tenu secret, afin de ne pas nuire à ma réputation. Il accepta, engagea sa foi et celle des siens. Il scella de baisers la réconciliation que je lui demandais. C'était pour mieux me trahir.

Je me rendis aussitôt en Bretagne et en ramenai ma maîtresse, dans l'intention d'en faire ma femme. Mais elle n'approuva pas mon projet. Elle alléguait deux raisons pour me détourner d'un tel mariage : le danger que je courrais, et le déshonneur que je ne manquerais pas de m'attirer. Elle jurait qu'aucune satisfaction n'apaiserait son oncle. Je pus m'en rendre compte par la suite. Quelle gloire espérais-je tirer, me demandait-elle, d'une démarche si peu glorieuse, si humiliante même pour elle et pour moi ? Quelle expiation le monde serait-il en droit d'exiger d'elle, qui lui ravissait une si grande lumière ! Quelles malédictions ce mariage ne lui attirerait-il pas, quel préjudice n'entraînerait-il pas pour l'Eglise, quelles larmes ne coûterait-il pas aux philosophes ! Quelle indécence, quelle misère, que de me voir, moi, un homme formé par la nature pour le bien de la création entière, asservi au joug honteux d'une seule femme ! Elle repoussait violemment l'idée d'une union où elle ne voyait pour moi qu'ignominie et charge inutile. Elle me représentait tour à tour l'infamie, et ces difficultés de l'état conjugal que l'apôtre nous exhorte à éviter :

> *Es-tu libre d'attachement féminin ? Ne cherche point de femme. Si l'homme en prend une, il ne pèche pas ; ni la vierge non plus, si elle se marie.*

Pourtant l'un et l'autre seront soumis aux tribu-
lations de la chair, que je veux vous épargner.

Et plus loin :

Je veux que vous soyez sans inquiétude.

Si je négligeais, me disait Héloïse, les conseils de l'apôtre et les exhortations des saints sur les entraves du mariage, du moins devais-je écouter les leçons des philosophes. Que je considère donc ce qu'ils ont écrit à ce sujet, et les enseignements que l'on a tirés, que tirèrent les saints eux-mêmes, des exemples de leur vie. Héloïse me rappelait le passage où saint Jérôme, dans le premier livre *Contre Jovinien*, rapporte que Théophraste, après avoir énuméré les ennuis intolérables du mariage, ses soucis perpétuels, démontre que le sage ne doit pas se marier : Quel chrétien, conclut le saint docteur, Théophraste ne confondrait-il point par ce raisonnement ? Dans le même livre, saint Jérôme cite encore Cicéron qui, engagé par Hircius à épouser la sœur de celui-ci après la répudiation de Terentia, s'y refusa formellement, ne pouvant donner ses soins, assurait-il, à la fois à une femme et à la philosophie. Cicéron déclare littéralement :

Ne voulant rien entreprendre qui pût entrer en
concurrence avec l'étude de la philosophie...

Le sens est le même.

"Mais laissons là, disait encore Héloïse, l'obstacle que constitue la philosophie. Songe à la situation où te mettrait une alliance légitime : quel rapport, entre les travaux de l'école et les soins d'un ménage, entre un pupitre et un berceau, un livre ou des tablettes et une quenouille, un stylet ou une plume et un fuseau ? Qui donc, en méditant l'Ecriture ou les problèmes de la philosophie, supporterait les vagissements d'un nouveau-né, les chansons de la nourrice qui le berce, la foule bruyante des serviteurs et des servantes, la malpropreté habituelle de l'enfance ? Les riches le peuvent, me répondras-tu. Sans doute, car leurs palais, leurs vastes maisons ont des appartements réservés ; leur opulence les met à l'abri des soucis d'argent et des sollicitudes quotidiennes : mais la condition des philosophes est bien différente ; et celui qui recherche la fortune ou applique ses soins aux choses de ce monde ne se livre guère aux études théologiques ni à la philosophie. C'est pourquoi les plus grands philosophes de l'Antiquité méprisaient le monde. Quittant, ou plutôt fuyant le siècle, ils s'interdisaient toute espèce de volupté et ne vivaient qu'au sein de la philosophie. Sénèque, l'un des plus grands d'entre eux, déclare, dans ses *Lettres à Lucilius* :

> *Ce n'est pas à moments perdus qu'on peut s'adonner à la philosophie : on doit tout négliger pour s'y livrer. Jamais on ne lui consacrera trop de temps. L'abandonner un instant, c'est l'abandonner tout à fait. Elle ne reste pas à nous attendre au point où nous l'avons laissée. Il nous faut résister à toute autre préoccupation et, loin*

161

d'étendre notre rayon d'activité, écarter de
nous ce qui n'est pas l'essentiel.

Les plus nobles parmi les philosophes païens
sacrifièrent, par amour de la philosophie, cela
même que les moines dignes de ce nom sacrifient
aujourd'hui pour l'amour de Dieu. On ne trouve
pas un peuple, chez les Gentils, les Juifs ou les
Chrétiens, qui n'ait connu des personnalités émi-
nentes par la foi ou par l'honnêteté des mœurs,
que leur continence ou une austérité singulière sé-
parait ainsi de la foule. Dans l'antiquité judaïque,
les Nazaréens se consacraient à Dieu selon la loi.
L'Ancien Testament, au témoignage de saint Jérôme,
nous décrit comme de véritables moines les Fils
des prophètes, sectateurs d'Elie ou d'Elisée. Ainsi
encore, plus tard, ces trois sectes de philosophes
qu'au livre XVIII des *Antiquités*, Josèphe dis-
tingue sous les noms de pharisiens, de sadducéens
et d'esséniens. Les moines, dans notre siècle,
suivent l'exemple des Apôtres en menant une vie
communautaire, ou celui de Jean Baptiste, en imi-
tant sa solitude.

Chez les païens, les philosophes dont nous par-
lions menaient une existence semblable. Ils appli-
quaient le nom de "sagesse" et de "philosophie"
moins à l'intelligence de la vérité qu'à l'austérité
de la conduite : l'étymologie de ces mots nous
l'atteste, de même que le témoignage des saints.
Lorsqu'il établit, au livre VIII de *la Cité de Dieu*,
sa classification des sectes philosophiques : L'école

italienne, écrit saint Augustin, eut pour fondateur Pythagore de Samos, qui passe pour avoir créé le mot de *philosophie*. Avant lui, on appelait *sages* les hommes qui, par l'excellence de leur vie, se distinguaient entre tous les autres. Un jour, interrogé sur sa profession, il répondit qu'il était *philosophe*, c'est-à-dire zélateur ou ami de la sagesse, jugeant présomptueux de se déclarer sage.

> *Qui, par l'excellence de leur vie, se distinguaient entre tous les autres.*

Cette expression indique clairement que les sages païens, les philosophes, durent ce nom plus à leur conduite qu'à leur science. Il ne m'appartient pas, concluait Héloïse, de citer des exemples de leur austérité, et je ne veux pas avoir l'air de faire la leçon à Minerve. Mais si des laïcs et des Gentils ont ainsi vécu, sans être liés par aucune profession religieuse, que feras-tu, toi qui es clerc et chanoine ? Vas-tu, à ton ministère sacré, préférer des plaisirs honteux, te précipiter dans ce Charybde, te plonger irrévocablement dans un abîme d'obscénité ? Si tu méconnais les devoirs du clerc, préserve du moins la dignité du philosophe. Si tu méprises la majesté divine, que du moins le sentiment de l'honneur freine ton imprudence. Rappelle-toi que Socrate fut marié, et par quelle avanie il expia cette tache imprimée à la philosophie, comme pour rendre, par son exemple, les hommes à l'avenir plus prudents. Ce trait n'a pas échappé à saint Jérôme, qui le rapporte dans son premier livre *Contre Jovinien*.

Un jour que Socrate avait voulu tenir tête aux injures que Xanthippe lui lançait d'un étage supérieur, il se sentit soudain arrosé d'eau sale.
– Je savais bien, dit-il, que ce tonnerre amène-rait la pluie.

De façon plus personnelle, Héloïse ajoutait qu'il serait dangereux pour moi de la ramener à Paris ; elle préférait, quant à elle, le titre de maîtresse à celui d'épouse, et le trouvait plus honorable pour moi : elle me serait attachée par la seule tendresse, non par la force du lien nuptial. Nos séparations temporaires rendraient nos rares instants de réunion d'autant plus doux. Mais enfin, voyant que ses efforts pour me convaincre et me dissuader échouaient contre ma folie, et n'osant me heurter de front, elle termina par ces mots, traversés de soupirs et de larmes : "Il ne nous reste donc plus qu'une chose à faire pour nous perdre tous deux, et pour qu'à un si grand amour succède une douleur aussi grande."

Le monde entier l'a reconnu par la suite, l'esprit de prophétie la toucha ce jour-là.

Nous recommandâmes donc à ma sœur notre jeune enfant, et revînmes secrètement à Paris. Quelques jours plus tard, après avoir récité l'office de nuit dans une église solitaire, nous reçûmes à l'aube, en présence de l'oncle d'Héloïse et de quelques-uns de ses amis et des miens, la bénédiction nuptiale. Puis nous nous retirâmes discrètement chacun de notre côté, et désormais nous n'eûmes plus que de rares et furtives entrevues, afin de dissimuler le plus possible notre union.

Mais Fulbert et les gens de sa maison cherchaient toujours une occasion de se venger de moi. Ils se mirent à divulguer notre mariage, violant ainsi la foi qu'ils m'avaient donnée. Héloïse protestait violemment du contraire, jurait que rien n'était plus faux. Fulbert, exaspéré, la maltraita à plusieurs reprises. L'ayant appris, j'envoyai ma femme dans une abbaye de moniales, à Argenteuil, près de Paris. C'est là qu'elle avait été élevée dans sa première jeunesse et avait reçu l'instruction élémentaire. Je lui fis faire et revêtir des vêtements conformes, le voile excepté, à la profession monastique. Quand la nouvelle en parvint à son oncle et à sa famille, ils s'imaginèrent que j'avais voulu les jouer et n'avais fait entrer Héloïse au couvent que pour me débarrasser d'elle. Cédant à l'indignation et à la colère, ils formèrent un complot contre moi. Une nuit, l'un de mes serviteurs, acheté à prix d'or, les introduisit dans la chambre retirée où je dormais, et ils me firent subir la vengeance la plus cruelle, la plus honteuse, et que l'univers apprit avec stupéfaction : ils m'amputèrent des parties du corps avec lesquelles j'avais commis le délit dont ils se plaignaient. Ils prirent la fuite. Deux d'entre eux purent être arrêtés ; on les condamna à la perte de la vue et à la castration. L'un de ces malheureux était le serviteur dont j'ai parlé et qui, attaché à ma personne, s'était par cupidité laissé corrompre.

Le matin venu, toute la ville accourut chez moi. Je ne saurais décrire la stupeur générale, les lamentations, les cris dont on me fatigua, les plaintes qui me tourmentèrent. Les clercs surtout, et mes élèves plus particulièrement, me torturèrent : leurs récriminations, leurs gémissements m'étaient intolérables. Je souffrais de leur pitié plus encore que de ma blessure. Je sentais ma honte plus encore que la mutilation. La confusion m'accablait plus encore que la douleur. Quelques heures auparavant, je jouissais d'une gloire incontestée. Un instant avait suffi à l'abaisser, peut-être à la détruire ! Le jugement de Dieu me frappait avec justice dans la partie de mon corps qui avait péché. Celui que j'avais trahi m'infligeait, par sa trahison, de justes représailles. Quelle satisfaction mes envieux allaient manifester d'un traitement aussi équitable ! Quelle tristesse ressentiraient mes parents et mes amis, du coup qui me frappait ! Comment les consoler ? L'histoire de mon infamie se répandrait irrésistiblement dans l'univers. Où aller désormais ? De quel front reparaître en public, quand tous me montreraient du doigt, me déchireraient dans leurs propos ? Je ne serais plus pour le monde qu'un monstrueux spectacle. Mais je ne me sentais pas moins confondu, en pensant à l'abomination où, selon la lettre meurtrière de la loi, les eunuques sont tenus devant Dieu : tout mâle, en effet, réduit à cet état par l'ablation ou la mutilation des parties viriles se voit, comme un être fétide et immonde, écarté de l'Eglise ; les animaux châtrés eux-mêmes sont rejetés du sacrifice. "L'animal dont les testicules ont été froissés, écrasés, coupés ou arrachés ne sera pas offert au Seigneur", dit le Lévitique. Et le Deutéronome, au chapitre XXIII : "L'eunuque, dont les testicules auront été écrasés ou amputés, n'entrera pas à l'assemblée de Dieu." Dans l'accablement d'une telle misère, la honte, je l'avoue, plus qu'une vocation véritable, me poussa vers l'ombre d'un cloître. Héloïse avait déjà, sur mon ordre, et avec une complète abnégation, pris le voile et prononcé les vœux.

Nous reçûmes en même temps l'habit religieux : moi dans l'abbaye de Saint-Denis, et elle au monastère d'Argenteuil. Emues de compassion, la plupart de ses supérieures voulaient l'exempter des observances les plus rigoureuses de la règle qui devaient être, pour son jeune âge, un intolérable fardeau. Elle répondit en citant, d'une voix coupée par les sanglots, les plaintes de Cornélie :

O grand époux,
Trop noble pour mon lit ! Ma destinée
Avait-elle des droits sur une tête si haute ?
Pourquoi t'épousai-je, impie
Si je fais ton malheur ? Reçois maintenant l'expiation à laquelle je me soumets de bon gré.

En prononçant ces mots, elle s'avança vers l'autel. Elle y reçut de l'évêque le voile bénit, et récita publiquement le serment de la profession monastique.

A peine étais-je guéri de ma blessure que les clercs, accourant en foule, commencèrent à fatiguer notre abbé, à me fatiguer moi-même de leurs supplications : ce que jusqu'ici j'avais fait pour la gloire et le profit, répétaient-ils, je devais désormais le poursuivre pour l'amour de Dieu. Le talent que le Seigneur m'avait confié me serait redemandé avec usure. Je ne m'étais guère occupé que des riches ; il me fallait maintenant me vouer à l'instruction des pauvres. La main divine m'avait frappé, je le savais bien, afin qu'affranchi des séductions charnelles et de la vie tumultueuse du siècle, je pusse me livrer plus librement à l'étude des lettres. Je cessais d'être le philosophe du monde pour devenir vraiment celui de Dieu.

Dans l'abbaye où je m'étais retiré, on menait une vie mondaine des plus honteuses. L'abbé lui-même y occupait le premier rang par son inconduite et son infamie notoire, autant que par sa prélature ! Je m'élevai plus d'une fois, en particulier et en public, contre un scandale qui m'était intolérable, et je me rendis suprêmement odieux à tout le monde. Aussi accueillit-on avec joie les instances quotidiennes de mes disciples : on en profita pour m'écarter. L'abbé et les frères intervinrent de telle façon auprès de moi que, cédant à tant de sollicitations, je me retirai dans un prieuré, où je repris mon enseignement. Une si grande foule d'élèves m'y suivirent que le lieu ne suffisait pas à les héberger, ni la terre à les nourrir. Conformément à ma profession religieuse, je me consacrai surtout à la théologie. Je ne répudiai toutefois pas entièrement l'étude des arts libéraux, dont j'avais une grande habitude et que mes auditeurs exigeaient de moi. Je me servis de cette discipline comme d'un hameçon pour les attirer, en leur donnant une sorte d'avant-goût philosophique des spéculations de la philosophie véritable. Selon l'*Histoire ecclésiastique*, Origène, le plus grand des philosophes chrétiens, employa lui-même cette méthode.

Le Seigneur ne m'avait pas moins doué pour la théologie que pour la science profane : aussi le nombre de mes auditeurs, dans l'un et l'autre cours, s'accrut-il rapidement, tandis que les autres écoles se dépeuplaient. J'excitai l'envie. La haine de mes concurrents se déchaîna. Ils entreprirent de me dénigrer, dans la mesure du possible. Deux d'entre eux surtout, profitant de mon éloignement, ne cessaient de m'opposer que la profession monastique est incompatible avec l'étude des ouvrages profanes, et qu'il était présomptueux de ma part d'enseigner la théologie sans être couvert par l'autorité d'un maître. Leur dessein était de me faire interdire l'exercice de tout enseignement. Sans relâche, ils intriguaient dans ce sens auprès des évêques, des archevêques, des abbés, et de toute la hiérarchie ecclésiastique.

Je m'appliquai un jour à discuter le principe fondamental de notre foi à l'aide d'analogies rationnelles. Mes élèves exigeaient sur ce point une argumentation humaine et philosophique et, ne se contentant pas de paroles, voulaient des démonstrations : "Les discours en effet, me disaient-ils, sont superflus s'ils échappent à l'intelligence ; on ne peut croire qu'après avoir compris, et il est ridicule de prêcher aux autres ce que l'on ne saisit pas mieux qu'eux ; le Seigneur lui-même condamne les aveugles conduisant des aveugles."

J'écrivis donc à leur intention un traité de théologie, *De l'Unité et de la Trinité divines*.

On vit ce traité, bien des gens le lurent, et il plut en général, car il parut répondre à toutes les questions relatives au sujet. Ces questions passaient pour particulièrement ardues, et mieux on en reconnaissait la gravité, plus on admirait la subtilité de mes solutions. Mes rivaux, furieux, assemblèrent contre moi un concile. Les principaux d'entre eux étaient mes deux anciens ennemis, Albéric et Lotulphe qui, depuis la mort de nos maîtres communs, Guillaume et Anselme, aspiraient à leur succéder seuls et à régner comme leurs uniques héritiers. Ils tenaient tous deux école à Reims. Leurs suggestions répétées déterminèrent leur évêque, Raoul, à faire réunir dans la ville de Soissons, par Conan, évêque de Préneste, alors légat pontifical en France, une petite assemblée que l'on baptisa concile. Je fus invité à m'y présenter, avec mon fameux ouvrage.

Je m'exécutai. Avant mon arrivée, mes deux ennemis me diffamèrent de telle façon auprès du clergé et du peuple que je faillis, avec les quelques élèves qui m'accompagnaient, être lapidé par la foule durant la première journée de notre séjour dans la ville.

Cette populace répétait les calomnies qu'on lui avait apprises : j'aurais enseigné et écrit qu'il y a trois Dieux !

Je rendis aussitôt visite au légat et lui remis mon ouvrage pour qu'il en prît connaissance et se fît une opinion. Je me déclarai prêt, si j'avais écrit quoi que ce fût d'incompatible avec la foi catholique, à me corriger ou à faire réparation. Le légat m'ordonna de soumettre sans retard le livre à l'archevêque et à mes accusateurs. J'étais donc abandonné au jugement de ceux mêmes qui m'avaient incriminé. La parole de l'Ecriture s'accomplissait ainsi en moi : "Et nos ennemis sont nos juges."

Ceux-ci examinèrent à plusieurs reprises, tournèrent et retournèrent mon traité, mais n'y trouvèrent rien qu'ils osassent produire contre moi à l'audience. Ils ajournèrent à la fin du concile la condamnation qu'ils désiraient obtenir. Pour moi, je consacrai les jours qui précédèrent cette séance à exposer en public la doctrine catholique, selon la méthode employée dans mon livre. La lettre de mes commentaires, non moins que leur esprit, m'attirèrent l'admiration de tous mes auditeurs. A ce spectacle, le peuple et le clergé commencèrent à se dire : "Voici qu'il parle à la foule, personne ne s'oppose à lui. Le concile, qu'on disait réuni principalement contre lui, touche à sa fin. Les juges auraient-ils reconnu qu'ils se sont trompés, et que ce n'est pas lui qui est dans l'erreur ?"

L'irritation de mes ennemis s'accrut encore lorsqu'ils entendirent ces propos. Un jour, je reçus la visite d'Albéric, accompagné de quelques-uns de ses disciples. Il voulait me tendre un piège.

Après quelques échanges de politesse, il me déclara qu'un certain passage de mon livre n'avait pas laissé de l'étonner : puisque Dieu a engendré Dieu, et que d'autre part il n'y a qu'un seul Dieu, pourquoi niais-je qu'Il se fût engendré lui-même ?

— Si vous voulez bien, répliquai-je, je peux démontrer rationnellement cette thèse.

— Sur de tels sujets, dit-il, nous récusons la raison humaine et notre sentiment, et nous nous en tenons au principe d'autorité.

— Tournez donc le feuillet, répondis-je. Vous trouverez l'autorité.

Nous avions sous la main l'exemplaire qu'il avait apporté. Je sautai sur le texte en question : il ne l'avait pas vu, peut-être parce qu'il avait recherché uniquement ceux qui pouvaient me nuire. Dieu permit que je trouvasse du premier coup le paragraphe que je voulais. J'y citais saint Augustin, au premier livre *De la Trinité* :

> *Celui qui attribue à Dieu la puissance de s'être engendré lui-même commet une grave erreur. Cette proposition est fausse non seulement à l'égard de Dieu, mais de tout être spirituel ou corporel, car rien ne s'engendre soi-même.*

Lorsqu'ils entendirent cette citation, les disciples d'Albéric rougirent de stupéfaction. Pour lui, il tenta une piètre défense : "Il s'agit, dit-il, de bien comprendre." Je lui fis remarquer que cette affirmation n'avait rien de neuf, et qu'au reste il importait peu, puisqu'il demandait un texte, et non un sens. Si au contraire, il désirait discuter du sens et invoquer le raisonnement, j'étais prêt à lui démontrer, par ses propres paroles, qu'il donnait dans l'hérésie selon laquelle le Père est à lui-même son Fils. A ces mots, il devint furibond, passa aux menaces, et déclara que ni mes raisons ni mes autorités ne sauveraient ma cause. Puis il se retira.

Le dernier jour du concile, avant l'ouverture de la séance, le légat et l'archevêque eurent un long entretien avec mes ennemis et quelques autres personnes : que décider à mon égard, et au sujet de mon livre, objet principal de la convocation ? Ni mes paroles ni l'écrit qu'ils avaient sous les yeux ne leur fournissaient de griefs suffisants. Il y eut un silence général ; mes détracteurs fléchissaient, lorsque Geoffroy, évêque de Chartres, qui, par son renom de sainteté comme par l'importance de son siège, occupait un rang éminent parmi les autres évêques, fit la proposition suivante : "Vous tous, messeigneurs, le savez bien ; cet homme, par sa science, quelle qu'elle soit, et par le génie qu'il a montré dans toutes ses spéculations, s'est acquis des partisans nombreux et fidèles. Il a effacé la gloire de ses maîtres et des nôtres, et sa vigne, pour ainsi dire, étend ses rameaux d'une mer jusqu'à l'autre. Si vous le condamnez par défaut, ce que je ne pense pas, cette condamnation, fût-elle juste, ne manquera pas de blesser bien des gens, et de lui susciter des défenseurs, d'autant plus que nous ne trouvons rien dans son ouvrage qui ressemble à une attaque ouverte. Saint Jérôme affirme que la force, quand elle se manifeste en plein jour, attire la jalousie,

> *Et la foudre frappe*
> *Le sommet des montagnes.*

"Gardez-vous donc d'augmenter encore par vos violences sa renommée ; la malveillance publique pourrait nous faire, à nous les juges, plus de tort que notre justice ne lui en ferait à lui. Le même saint Jérôme nous l'atteste :

> *Un faux bruit est vite étouffé, et la fin d'une vie*
> *permet de juger son début.*

Mais si vous voulez agir contre Abélard de façon canonique, exhibez en pleine assemblée sa doctrine et son livre, interrogez-le, laissez-le répondre librement, et convainquez-le d'erreur ou réduisez-le au silence en l'amenant à confesser sa faute. Vous suivrez ainsi le principe énoncé par le bienheureux Nicodème qui, voulant sauver Notre-Seigneur, déclara :

> *Depuis quand notre loi juge-t-elle un accusé sans*
> *l'avoir d'abord entendu et sans avoir enquêté*
> *sur ses actes ?"*

Ce discours mécontenta mes ennemis. "O le sage conseil ! s'écrièrent-ils. Nous devrions lutter contre la faconde de cet individu aux arguties et aux sophismes duquel le monde entier ne saurait résister !" Certes, mais il était plus difficile encore de lutter contre le Christ lui-même, que Nicodème pourtant, au nom de la loi, proposait de laisser s'expliquer à l'audience !

Geoffroy, ne pouvant les amener à accepter sa proposition, essaya d'un autre moyen pour refréner leur haine. Il assura que le petit nombre des personnes présentes était insuffisant à trancher un différend d'une telle gravité. La cause exigeait un examen plus étendu. Il conseilla donc à mon abbé, qui participait à la réunion, de me ramener au couvent de Saint-Denis. Là, on convoquerait une assemblée plus nombreuse et plus éclairée qui statuerait, après mûr examen, sur le parti à prendre. Le légat approuva cette seconde proposition, qui fut acceptée à l'unanimité ; puis il se leva pour aller dire sa messe avant la séance du concile et me fit transmettre par Geoffroy l'autorisation qui m'était accordée de rentrer dans mon couvent pour y attendre la nouvelle convocation.

Cependant, mes ennemis réfléchirent qu'ils seraient impuissants contre moi si la cause était jugée en dehors de leur diocèse, en un lieu où ils n'auraient pas le droit de justice. Peu confiants dans un tel jugement, ils persuadèrent l'archevêque qu'il serait déshonorant pour lui que je fusse déféré à un autre tribunal, et dangereux de me laisser échapper ainsi. Aussitôt après, ils coururent chez le légat, le firent changer d'avis et l'amenèrent malgré lui à condamner, sans examen, mon ouvrage, à le livrer publiquement au feu le jour même, et à décréter contre moi la réclusion perpétuelle dans un monastère éloigné. Ils affirmaient que la condamnation était assez justifiée, par cela seul que j'avais pris sur moi, sans en référer au pape ni à l'Eglise, de lire mon livre en public et de le donner à copier à plusieurs personnes. Il serait très utile à la foi chrétienne de prévenir par cet exemple d'autres initiatives de ce genre. Le légat ne possédait pas l'instruction qui eût été nécessaire à ses fonctions. Il suivait en tout les conseils de l'archevêque, comme celui-ci suivait mes accusateurs.

L'évêque de Chartres eut vent de ces intrigues. Il m'en fit part aussitôt, et m'engagea vivement à montrer d'autant plus de douceur que la violence de mes ennemis était plus manifeste. L'éclat de leur haine, me disait-il, ne pouvait que leur nuire et, je ne devais pas en douter, me servirait par contrecoup. Quant à la réclusion, je n'avais pas trop à m'en inquiéter, sachant que le légat lui-même, qui agissait sous la contrainte, ne manquerait pas de me libérer peu de jours après son départ. C'est ainsi qu'il me consola, et nous mêlâmes nos larmes.

Appelé au concile, je m'y rendis aussitôt.

Alors, sans discussion, sans examen, on m'obligea à jeter de ma propre main mon livre au feu. Tandis qu'il brûlait, dans un silence général, l'un de mes adversaires murmura soudain qu'il y avait relevé un passage affirmant que seul Dieu le Père est tout-puissant. Le légat l'entendit, s'étonna, et lui répondit qu'une telle assertion était invraisemblable : un enfant même ne tomberait pas dans cette erreur puisque la foi commune tient et professe qu'il y a trois tout-puissants. A ces mots, un certain maître

Thierry rappela ironiquement le texte de saint Athanase : "Pourtant, il n'y a pas trois tout-puissants, mais un seul." Son évêque se mit à le gronder, l'accusa de lèse-majesté. Mais Thierry lui tint tête et, citant Daniel, s'écria :

> Ainsi donc, fils insensés d'Israël, sans rechercher la vérité vous condamnez un fils d'Israël. Reprenez le jugement, et jugez le juge lui-même que vous avez institué pour la conservation de la foi et la correction de l'erreur et qui, en prononçant son verdict, s'est condamné lui-même ! La miséricorde divine a fait éclater aujourd'hui l'innocence de l'accusé : libérez-le, comme autrefois le fut Suzanne, de ses calomniateurs.

L'archevêque alors se leva, pour confirmer, en en modifiant les termes selon les besoins du moment, l'opinion du légat : "Monseigneur, dit-il, il est certain que le Père est tout-puissant, le Fils tout-puissant, le Saint-Esprit tout-puissant. Hors de cette foi, il n'est qu'hérésie, et l'hérétique doit être condamné au silence. Pourtant, si vous le voulez bien, il serait bon que frère Abélard nous exposât publiquement sa doctrine afin qu'on pût, selon qu'il conviendra, l'approuver, la rejeter, ou la corriger."

Je me levai pour confesser ma foi et exposer mes théories. J'avais l'intention de m'exprimer en termes personnels ; mais mes adversaires déclarèrent qu'il me suffisait de réciter le symbole d'Athanase. Le premier enfant venu aurait pu le faire aussi bien. Pour qu'il me fût impossible d'alléguer l'ignorance, comme si ce texte ne m'était pas familier ! ils en firent apporter une copie, que je dus lire. Je lus, parmi les soupirs, les sanglots et les larmes, comme je pus. Puis on me livra, coupable convaincu, à l'abbé de Saint-Médard, qui était présent, et je fus traîné à son couvent, comme à une prison. Aussitôt le concile fut dissous.

L'abbé et les moines de Saint-Médard, pensant que je resterais désormais parmi eux, m'accueillirent avec la plus grande joie et s'efforcèrent en vain, par mille attentions, de me consoler. Mon Dieu, toi qui juges la droiture des cœurs, tu le sais, la peine et l'amertume de mon âme furent telles que dans ma folie je me révoltai contre toi, je t'accusai avec rage, répétant sans cesse la plainte de saint Antoine : "O bon Jésus, où donc étais-tu ?" Une douleur atroce, ma confusion, ma honte, les troubles de mon désespoir, tout ce que je ressentis alors, il m'est impossible de vous le décrire. Je comparais le supplice corporel qui m'avait été infligé naguère aux épreuves qui m'étaient maintenant imposées. Je me jugeais le plus misérable des hommes. L'attentat commis par Fulbert me semblait peu de chose par rapport à cette nouvelle injustice, et je déplorais davantage la flétrissure de mon nom que celle de mon corps. Celle-ci n'était que la conséquence méritée d'une faute ; celle-là n'avait pour cause, dans sa violence révoltante, que la sincérité et l'amour de la foi qui m'avaient poussé à écrire.

Cet acte de cruauté et d'arbitraire provoqua l'indignation de tous ceux qui l'apprirent, et les auteurs s'en rejetèrent mutuellement la responsabilité. Mes rivaux eux-mêmes niaient d'en avoir pris l'initiative, et le légat se plaignait publiquement, à ce sujet, de la violence des haines françaises. Il avait été contraint de les satisfaire, provisoirement ; mais, au bout de quelques jours, il me tira de cette abbaye étrangère et me renvoya à Saint-Denis. La plupart des moines, je l'ai déjà dit, y étaient depuis longtemps mes ennemis. Les turpitudes de leur vie et leurs fréquentations scandaleuses leur rendaient suspect un homme dont ils devaient supporter les reproches.

Peu de mois s'écoulèrent avant que le hasard leur fournît l'occasion de me perdre. Un jour, dans une lecture, je tombai sur un passage du commentaire de Bède sur les Actes des Apôtres, où l'auteur assurait que Denis l'Aréopagite était évêque de Corinthe, non d'Athènes. Cette opinion contrariait vivement les frères, car ils se vantaient que leur fondateur, dont la *Vie* fait un ancien évêque d'Athènes, fût précisément l'Aréopagite. Je communiquai, par plaisanterie, à quelques-uns de ceux qui m'entouraient, le texte que je venais de découvrir, et qui nous faisait ainsi objection. Mais eux s'écrièrent avec indignation que Bède était un imposteur et qu'ils tenaient pour plus digne de foi le témoignage de leur abbé Hilduin qui, s'étant livré à travers toute la Grèce à une longue enquête à ce sujet, avait reconnu l'exactitude du fait, et, dans son *Histoire de Denis l'Aréopagite*, avait écarté le dernier doute. L'un d'eux me demanda, avec une instance importune, mon opinion sur ce litige de Bède et d'Hilduin. Je répondis que l'autorité de Bède, dont les écrits sont reçus dans toute l'Eglise latine, me paraissait plus certaine. Ma réplique les excita. Ils recommencèrent à élever la voix. Je prouvais ainsi, crièrent-ils, que j'avais toujours été le fléau de leur monastère, et maintenant j'attentais à la gloire du royaume tout entier puisque, en niant que l'Aréopagite fût leur patron, je lui ravissais l'honneur dont il tirait le plus de fierté. Je ripostai que je n'avais rien nié, que du reste il importait peu que leur patron fût de l'Aréopage ou d'ailleurs, puisqu'il avait reçu de Dieu une si belle couronne ! Ils coururent chez l'abbé, lui répéter ce qu'ils m'avaient fait dire. L'abbé fut tout heureux de trouver ainsi une occasion de me nuire. Il me craignait en effet d'autant plus que ses mœurs étaient pires encore que celles de ses moines.

Il réunit donc son conseil et, en présence de la communauté, m'adressa de violentes menaces ; il déclara qu'à bref délai il m'enverrait au roi, afin que celui-ci tirât vengeance d'un sujet dangereux pour la gloire du royaume et pour la couronne. Il ordonna de me surveiller de près en attendant qu'il m'eût remis à la justice royale. J'offris de me soumettre à la règle disciplinaire de l'ordre, s'il était vrai que j'eusse commis un délit. En vain. Je fus alors pris d'horreur pour leur méchanceté ; la fortune m'avait déjà tant accablé que je cédai au désespoir. Il semblait que le monde entier conspirât contre moi. Avec l'aide de quelques frères émus de pitié, et de quelques-uns de mes élèves, je m'enfuis secrètement, de nuit, et me réfugiai sur une terre du comte Thibaut, située dans le voisinage et où jadis j'avais eu mon prieuré. Je connaissais un peu le comte lui-même ; il avait appris mes malheurs et y compatissait pleinement. Je me fixai au bourg de Provins, dans un prieuré avec le supérieur duquel j'avais été autrefois en relation. Cet homme m'aimait beaucoup : il me reçut avec joie et m'entoura du mieux qu'il put.

Un jour, l'abbé de Saint-Denis, ayant quelque affaire à traiter avec le comte, vint le voir à Provins. A cette nouvelle, je me rendis moi-même, accompagné du prieur, auprès du comte ; je le suppliai d'intervenir en ma faveur auprès de l'abbé, et d'obtenir mon pardon, ainsi que la permission pour moi de vivre monastiquement dans une retraite de mon choix. L'abbé et sa suite délibérèrent à ce sujet : ils devaient donner leur réponse au comte avant de repartir. Dès le début de la discussion, ils me supposèrent l'intention de changer d'abbaye. C'eût été déshonorant pour eux ; ils tiraient gloire en effet de ce que je m'étais retiré dans leur communauté, comme si aucun autre couvent n'eût été digne de m'abriter : quel affront allais-je maintenant leur faire, en les quittant pour passer chez d'autres ! Ils furent sourds à mes représentations et à celles du comte. Ils menacèrent même de m'excommunier si je ne revenais pas aussitôt. Quant au prieur auprès de qui j'avais cherché asile, ils lui interdirent formellement de me garder plus longtemps, sous peine d'être enveloppé dans la même excommunication. Cette décision nous inquiéta beaucoup, le prieur et moi. L'abbé s'obstina, et partit sans avoir changé d'avis. Or, peu de jours après, il mourut. Avec l'appui de l'évêque de Meaux, je priai son successeur d'agréer ma demande. Il hésita d'abord ; mais quelques-uns de mes amis intervinrent et présentèrent ma requête au conseil du roi : j'obtins ainsi ce que je désirais. Etienne, officier de bouche du roi, fit venir l'abbé et ses conseillers. Il leur demanda pourquoi ils voulaient me retenir malgré moi : ils s'exposaient ainsi à un scandale inutile, puisque mon genre de vie était incompatible avec le leur. Je savais qu'au conseil du roi on avait manifesté l'intention de freiner par un contrôle plus strict l'irrégularité des mœurs de l'abbaye, et par des mesures fiscales son attachement aux biens temporels. Je comptais, pour cette raison, que le roi et les siens me soutiendraient. Ainsi arriva-t-il.

Toutefois, de peur de ravir au couvent de Saint-Denis l'honneur qu'il tirait de mon nom, on soumit à une condition mon droit de choisir une retraite : je ne devais pas me placer sous la dépendance d'une autre abbaye. Cet accord fut conclu et réglé en présence du roi et de sa cour. Je me retirai sur le territoire de Troyes, dans un endroit désert que je connaissais. Quelques personnes me cédèrent un terrain où, avec l'assentiment de l'évêque, je construisis une chapelle de roseaux et de chaume, que je dédiai à la Sainte Trinité. Je m'y cachai avec un de mes anciens élèves.

Je pouvais dire en toute vérité au Seigneur :

> *Voici que je me suis éloigné par la fuite, et que j'ai habité dans la solitude.*

Dès qu'on eut connaissance de ma retraite, les élèves commencèrent à accourir de toutes parts. Abandonnant villes et châteaux, ils s'enfonçaient au désert ; délaissant leurs maisons confortables, ils venaient se construire de petites cabanes où les herbes des champs et du pain grossier leur tenaient lieu de mets plus délicats ; le chaume et la mousse remplaçaient pour eux la douceur des lits ; ils amoncelaient des mottes de terre, qui leur servaient de table. Ils paraissaient imiter les anciens philosophes au sujet desquels saint Jérôme écrit, dans le second livre *Contre Jovinien* :

> *Les vices pénètrent dans l'âme par les sens comme par des fenêtres. La métropole et la citadelle de l'âme sont inexpugnables, tant que l'armée ennemie n'en a point forcé les entrées. Mais qui se plaît aux jeux du cirque, aux combats des athlètes, aux gesticulations des histrions, à la beauté des femmes, à la splendeur des pierres précieuses, des étoffes et de tout ce luxe, a perdu la liberté de l'esprit, car son âme est envahie par les fenêtres des yeux. La parole du prophète s'accomplit alors : "La mort est entrée par vos fenêtres." Dès que par ces ouvertures*

> *l'ennemi pénètre dans la forteresse de notre âme,*
> *où se réfugie sa liberté ? où, son courage ? où, la*
> *pensée de Dieu ? Plus encore : l'imagination se*
> *dépeint les plaisirs passés, le souvenir d'actions*
> *perverses contraint l'esprit à s'y complaire, et à*
> *s'en rendre coupable lors même qu'il ne les*
> *commet pas.*

C'est pourquoi de nombreux philosophes préfèrent s'éloigner de la turbulence des villes, et abandonner même ces jardins de plaisance où la fraîcheur des terrains arrosés, le feuillage des arbres, le gazouillis des oiseaux, les fontaines miroitantes, le murmure des ruisseaux et tant d'autres délices sollicitent le regard et l'oreille : ils craignent que le luxe ou l'abondance n'amollisse leur force d'âme et ne souille leur pureté. A quoi bon, en effet, s'exposer à tant de spectacles séducteurs, et à des expériences d'où naîtrait la tyrannie d'une habitude ? Les pythagoriciens, pour éviter ces tentations, vivaient dans la solitude et les déserts. Platon lui-même, qui était riche, et dont Diogène, de ses pieds boueux, foula un jour le lit, choisit pour se livrer à la philosophie la villa d'Academos, éloignée de la ville, et non seulement solitaire mais située dans une région pestilentielle : il faudrait, pensait-il, y mener contre la maladie une lutte incessante qui briserait les élans de la passion, de sorte que les disciples n'y éprouveraient plus d'autre plaisir que celui qu'ils tireraient de l'étude. Les Fils des prophètes, sectateurs d'Elisée, adoptèrent un genre de vie semblable. Saint Jérôme, qui les considérait comme les moines de ce temps-là, en parle dans son épître à Rusticus :

> *Les Fils des prophètes, dit-il, que l'Ancien Testament nous dépeint comme des moines, se construisaient des huttes le long du Jourdain, abandonnaient les villes et leurs foules, et se nourrissaient de grain broyé et d'herbes sauvages.*

Mes disciples agissaient de même. Ils édifiaient leurs cabanes sur les rives d'une petite rivière nommée l'Arduzon, et, par la vie qu'ils y menaient, ressemblaient davantage à des ermites qu'à des étudiants. Plus leur affluence devenait considérable, plus l'existence à laquelle je les contraignais était dure, plus mes rivaux sentaient croître ma gloire, et leur propre honte. Ils avaient tout fait pour me nuire, et se plaignaient de tout voir tourner à mon avantage. Selon le mot commun de saint Jérôme et de Quintilien, la haine vint me relancer, loin des villes, loin de la place publique, des procès et des foules. Mes ennemis se plaignaient, et gémissaient en leur cœur. "Voici que le monde entier le suit, se disaient-ils. Nos persécutions ont été inutiles ; elles ont plutôt profité à sa gloire. Nous voulions étouffer son nom, nous l'avons fait resplendir. Des étudiants, qui ont sous la main, dans les villes, tout le nécessaire, dédaigneux des commodités urbaines, vont chercher les privations du désert et embrassent volontairement une vie misérable."

Seule mon extrême pauvreté me poussa à ouvrir une école. Je n'avais pas la force de labourer la terre et je rougissais de mendier. A défaut de travail manuel, je dus avoir recours à l'art où j'étais expert : je me servis de la parole. Mes élèves pourvoyaient en revanche à mes besoins matériels : nourriture, vêtements, culture des champs, construction, de sorte que les soins domestiques ne me distrayaient aucunement de l'étude.

Comme notre chapelle ne suffisait plus à contenir fût-ce une petite partie d'entre eux, ils se virent dans la nécessité de l'agrandir. Ils la construisirent de façon plus solide, en bois et en pierre. Elle avait été fondée au nom de la Trinité, et avait été dédiée à ce mystère. J'y étais arrivé, fugitif et déjà désespéré, mais y avais respiré la grâce de la consolation divine ; aussi, en mémoire de ce bienfait, l'appelai-je "le Paraclet". Bien des gens s'étonnèrent de cette dénomination, certains l'attaquèrent avec violence, sous prétexte qu'il n'est pas permis de consacrer spécialement une église au Saint-Esprit, ni à Dieu le Père : la tradition n'autorise qu'une dédicace au Fils seul ou à la Trinité entière. Ces critiques provenaient d'une erreur de jugement : mes calomniateurs méconnaissaient la distinction qui existe entre les expressions de "Paraclet" et d'"Esprit paraclet". La Trinité elle-même, et dans la Trinité n'importe laquelle des trois personnes, peuvent être appelées Dieu ou

Protecteur : on peut donc aussi bien l'appeler Paraclet, c'est-à-dire Consolateur. Je recours ici à l'autorité de saint Paul :

> *Béni soit Dieu, Père de Notre-Seigneur Jésus-Christ, Père des miséricordes et Dieu de toute consolation, qui nous console dans toutes nos misères ;*

et à la parole même de la Vérité : Il vous donnera un autre Paraclet. Rien n'empêche, puisque toute église est consacrée également au nom du Père, du Fils et du Saint-Esprit, que l'on dédie la maison du Seigneur soit au Père, soit au Saint-Esprit, comme on le fait au Fils. Qui donc oserait effacer, de son fronton, le nom de Celui dont elle est la demeure ?

Au reste, le Fils s'est offert en sacrifice au Père, les prières de la messe sont adressées spécialement au Père, les hosties immolées à Lui ; pourquoi donc l'autel n'appartiendrait-il pas plus particulièrement à celui auquel se rapportent plus particulièrement la prière et le sacrifice ? Ne peut-on soutenir que l'autel appartient à celui à qui l'on immole, plus qu'à celui qui est immolé ? Oserait-on dire qu'il appartient plutôt à la croix de Jésus, à son sépulcre, à saint Michel, saint Jean, saint Pierre, ou à quelque autre saint qui n'est pas l'objet de l'immolation, et auquel ne s'adressent ni le sacrifice ni les prières ? Chez les idolâtres mêmes, les autels et les temples étaient placés sous la seule invocation de ceux auxquels on offrait ces hommages.

Peut-être me répliquera-t-on que l'on ne doit dédier au Père ni église ni autel parce qu'il n'existe aucune fête liturgique en son honneur. Mais ce raisonnement, que du reste on pourrait retourner contre la Trinité, n'est pas valable à propos du Saint-Esprit, dont la solennité de Pentecôte célèbre la venue, comme Noël celle du Fils. Comme le Fils a été envoyé au monde, le Saint-Esprit l'a été aux disciples, et peut revendiquer une fête propre.

Il semble même, si l'on consulte l'autorité apostolique et considère l'opération de l'Esprit, qu'il y a plus de raisons de lui dédier une église qu'à aucune des autres personnes. L'apôtre en effet n'assigne de temple particulier qu'au Saint-Esprit : il ne dit nulle part le "temple du Père" ni le "temple du Fils" ; mais il emploie l'expression de "temple du Saint-Esprit" dans la première épître aux Corinthiens :

Celui qui s'attache à Dieu n'est qu'un avec lui ;

puis :

Ne savez-vous pas que vos corps sont le temple du Saint-Esprit qui est en vous, que vous tenez de Dieu et qui ne vient pas de vous ?

Les sacrements divins distribués par l'Eglise sont, on le sait, attribués spécialement à l'opération de la grâce divine, qui est le Saint-Esprit. Nous renaissons, dans le baptême, de l'eau et du Saint-Esprit, et nous commençons ainsi à être le temple particulier de Dieu. Pour achever ce temple, la grâce nous est conférée par les sept dons de l'Esprit, dont les effets l'ornent et le consacrent. Est-il donc surprenant que j'aie dédié un temple matériel à la personne à laquelle l'apôtre lui-même dédie un temple spirituel ? A quelle personne une église sera-t-elle plus justement dédiée qu'à celle dont l'opération nous administre tous les bienfaits de l'Eglise ? Au reste, en nommant notre chapelle le Paraclet, je n'ai pas eu l'intention de la consacrer à une seule personne. Je l'ai fait pour le seul motif que je vous ai indiqué : en souvenir de ma consolation. Si même ce dont on m'accusait avait été vrai, je n'aurais donc pas agi contre la raison, quoique mon initiative eût été étrangère à la coutume.

J'étais, de corps, caché en ce lieu. Mais ma renommée courait le monde et ma parole y résonnait plus que jamais, à l'instar de ce personnage poétique appelé Echo, sans doute parce que, pourvu d'une voix puissante, il est creux ! Mes anciens rivaux, ne se sentant plus de force à lutter, suscitèrent contre moi de nouveaux apôtres en qui le monde avait foi. L'un d'eux se vantait d'avoir renouvelé la règle des chanoines réguliers ; l'autre, celle des moines. Tous deux parcouraient le monde en prédicateurs, me déchirant avec impudence. Ils parvinrent à soulever quelque temps contre moi le mépris de plusieurs hautes personnalités ecclésiastiques et séculières, et répandirent de telles calomnies sur ma doctrine et ma vie qu'ils détournèrent de moi un certain nombre de mes meilleurs amis ;

ceux mêmes qui me gardèrent un peu de leur ancienne affection s'efforcèrent, prudemment, de la dissimuler de toutes manières. Dieu m'en est témoin, dès que j'apprenais la convocation d'une assemblée ecclésiastique, je m'imaginais qu'elle était destinée à prononcer ma condamnation. La nouvelle me foudroyait, je me voyais déjà traîné, comme un hérétique et un impur, devant les conciles et face à toute la synagogue. Mes ennemis me poursuivaient avec l'acharnement dont les hérétiques jadis avaient poursuivi Athanase... oserai-je dire, si l'on peut comparer la puce au lion, la fourmi à l'éléphant !

Souvent, que Dieu le sache ! je tombai dans un tel désespoir que je me disposai à quitter la chrétienté et à passer chez les musulmans : j'y achèterais, au prix d'un tribut quelconque, le repos et le droit de vivre chrétiennement parmi les ennemis du Christ. Ceux-ci, pensais-je, m'accueilleraient d'autant plus volontiers que l'accusation dont j'étais l'objet les ferait douter de mes sentiments de chrétien et qu'ils jugeraient ainsi plus aisé de m'attirer à leur secte.

Alors que, accablé par des attaques incessantes, je ne voyais plus d'autre parti que de me réfugier ainsi dans le Christ, chez ces ennemis du Christ, je crus trouver enfin l'occasion de me soustraire à demi aux embûches que l'on me tendait : hélas ! je tombai entre les mains de chrétiens et de moines plus cruels et plus pervers que les païens ! L'abbaye de Saint-Gildas-de-Rhuys, en Petite-Bretagne, dans le diocèse de Vannes, venait de perdre son chef ; les moines m'élurent à l'unanimité comme abbé ; le seigneur du lieu donna son accord et, sans difficulté, l'abbé de Saint-Denis et les frères leur consentement.

C'est ainsi que la haine des Français me chassa vers l'Occident, comme celle des Romains jadis avait chassé vers l'Orient saint Jérôme. Jamais, je vous l'ai dit, et Dieu le sait, je n'aurais répondu à cet appel si ce n'eût été pour échapper, à tout prix, aux vexations ininterrompues qui m'affligeaient. L'abbaye était située dans un pays sauvage, dont la langue m'était inconnue ; les moines en étaient réputés pour leur inconduite et leur indiscipline ; la population passait pour brutale et grossière. Je ressemblais à qui, pour éviter l'épée qui le menace, se jette de terreur dans un premier précipice puis, pour différer encore d'un instant sa mort, dans un second. Je me lançai sciemment d'un danger dans un autre. Et là, devant les vagues mugissantes de l'océan, à l'extrémité de la terre, dans l'impossibilité de fuir plus loin, je répétais dans mes prières : "Des confins de la terre je crie vers vous, Seigneur, dans l'angoisse de mon cœur."

Quelle angoisse en effet me torturait nuit et jour, à la vue du troupeau indiscipliné des frères dont j'avais assumé la direction ! J'avais ainsi exposé mon âme et mon corps à un indéniable péril. Tenter de ramener cette communauté à la vie régulière à laquelle elle s'était engagée, c'était risquer ma vie ; ne pas le tenter dans toute la mesure du possible, c'était me damner. L'abbaye, à la faveur du désordre qui y régnait, était depuis longtemps tombée sous le joug d'un seigneur local tout-puissant. Celui-ci avait fait main basse sur les terres abbatiales et frappait les moines de plus d'impositions que ses tributaires juifs eux-mêmes.

Les moines m'obsédaient de leurs besoins journaliers ; ils ne disposaient plus des biens communautaires avec lesquels j'aurais pu les entretenir, et chacun d'eux prenait sur son propre patrimoine pour subvenir à son existence et à celle de ses concubines et de ses enfants. Ils étaient heureux de me tourmenter ainsi ; plus encore : ils pillaient, volaient tout ce qui leur tombait sous la main dans le monastère, afin de me contraindre, en sabotant mon administration, à relâcher la discipline ou à me retirer tout à fait. Les paysans mal dégrossis qui peuplaient la contrée partageaient l'anarchie effrénée de mes moines, et je ne pouvais attendre d'aide de personne : la pureté même de mes mœurs faisait ma solitude. Au-dehors, le seigneur et ses hommes d'armes ne cessaient de m'accabler ; au-dedans, les frères ne cessaient de me tendre des pièges. La parole de l'apôtre semblait avoir été prononcée à mon intention : "Dehors, le combat ; dedans, la crainte."

Je considérais avec douleur la vie misérable et inutile qu'il me fallait mener, stérile à moi-même et aux autres. Mon existence parmi les étudiants était naguère si féconde ! Mais j'avais abandonné mes disciples pour ces moines, et ne portais plus aucun fruit ni chez les uns ni chez les autres ! Mes entreprises, mes efforts restaient également inefficaces, et l'on pouvait avec raison m'appliquer le reproche de l'Ecriture : "Cet homme a commencé à bâtir, mais il n'a pas pu achever." Je me désespérais au souvenir de ce que j'avais quitté, à la pensée de ce que j'avais choisi en échange, et mes anciens malheurs me semblaient, par comparaison, bien négligeables. Je me répétais en gémissant : "J'ai mérité cette souffrance en délaissant le Paraclet, c'est-à-dire le Consolateur : me voici tombé dans la désolation ; et, pour éviter une simple menace, j'ai couru au-devant de réels périls."

Je me faisais le plus grand souci de la fondation que j'avais quittée : je ne pouvais plus, en effet, comme il l'eût fallu, y assurer la continuité de l'office divin. L'extrême pauvreté de l'établissement permettait à peine d'y entretenir un unique desservant. Mais le véritable Paraclet m'apporta, dans cette nouvelle désolation, une consolation véritable, et pourvut de façon convenable son propre sanctuaire. L'abbé de Saint-Denis réclama, comme une annexe anciennement soumise à la juridiction de son monastère, le couvent d'Argenteuil, dont j'ai parlé plus haut, et où Héloïse, ma sœur dans le Christ plus que mon épouse, avait pris l'habit. Il obtint satisfaction, je ne sais de quelle manière ; puis il expulsa violemment les moniales dont ma compagne était la prieure. Ainsi chassées, ces filles se dispersèrent de tous côtés. Je compris que le Seigneur m'offrait l'occasion d'assurer le service dans ma fondation. J'y retournai donc, et y invitai Héloïse et celles de ses nonnes qui ne l'avaient pas abandonnée. A leur arrivée, je leur concédai la chapelle et ses dépendances, puis leur en fis donation. Le pape Innocent II, avec l'assentiment et sur l'intervention de l'ordinaire, confirma cet acte, avec privilège de perpétuité pour elles-mêmes et celles qui leur succéderaient.

Elles menèrent, dans les premiers temps, une vie assez misérable. Mais bientôt la divine Providence, qu'elles servaient dévotement, les soulagea dans leurs peines et le Paraclet se manifesta vraiment à elles, en touchant de pitié le cœur des populations environnantes : en une seule année, Dieu m'en soit témoin, les biens de la terre se multiplièrent pour elles plus qu'ils ne l'auraient fait par mon œuvre en un siècle si j'étais resté là. Les femmes, vu leur faiblesse, émeuvent davantage quand elles tombent dans l'indigence, et leur vertu est plus que la nôtre agréable à Dieu et aux hommes. Dieu combla de tant de grâces l'abbesse Héloïse, ma sœur, que les évêques l'aimaient comme leur fille, les abbés comme leur sœur, les laïcs comme une mère. A l'envi, tous admiraient sa piété, sa sagesse, son incomparable mansuétude et la patience qu'elle montrait en tout. Moins elle se laissait voir, plus elle se renfermait dans son oratoire pour y vaquer entièrement à ses prières et à ses saintes méditations, et plus les chrétiens de l'extérieur venaient passionnément solliciter sa présence et le bienfait de sa conversation.

Les voisins de ces moniales me blâmaient fort de ne pas mettre tout en œuvre pour les soulager : c'était là mon devoir, estimaient-ils, et rien ne m'eût été plus facile que de leur assurer le bénéfice d'une prédication. Je me mis donc à leur rendre de plus fréquentes visites, afin de leur procurer ainsi quelque secours. Il s'éleva, bien entendu, à ce sujet, des murmures malveillants, et ce qu'une charité sincère me poussait à faire, l'habituelle méchanceté de mes ennemis l'interpréta ignominieusement. J'étais encore dominé, disaient-ils, par la concupiscence de la chair, puisque je ne pouvais supporter ni peu ni prou l'absence de mon ancienne maîtresse.

Je me répétais les plaintes que saint Jérôme, dans son épître à Asella, élève contre les faux amis :

> La seule chose qu'on me reproche, c'est mon sexe, et on ne me le reprocherait pas si Paula ne m'avait accompagné à Jérusalem.

Ou encore :

> Avant que je ne connusse la maison de la sainte Paula, toute la ville chantait mes louanges ; de l'avis général, j'étais digne du sacerdoce suprême. Mais peu importe : on arrive aussi bien au royaume des cieux avec une mauvaise qu'avec une bonne réputation.

Songeant aux calomnies dont avait souffert un si grand homme, j'y voyais pour moi un sujet de consolation. Si mes ennemis, me disais-je, trouvaient en moi matière à de tels soupçons, combien leur méchanceté m'accablerait ! Mais la miséricorde divine m'en a préservé. Comment donc le soupçon subsiste-t-il, quand le moyen d'accomplir les turpitudes de la chair m'a été retiré ? Que signifie cette dernière et impudente accusation ? Mon état l'écarte si bien que ceux qui font garder leurs femmes ont recours à des eunuques : l'histoire sainte nous apprend que c'est ainsi que furent gardées Esther et les autres femmes du roi Assuérus. Elle nous rapporte aussi que le puissant ministre de la reine Candace, préposé à ses trésors, était un eunuque : c'est à lui qu'un ange amena l'apôtre Philippe, qui le convertit et le baptisa. De tels hommes ont toujours rempli, auprès de femmes honnêtes et vénérables, des fonctions élevées et intimes, car ils étaient au-dessus de tout soupçon. C'est la raison pour laquelle le plus grand des philosophes chrétiens, Origène, voulant se consacrer à l'éducation des femmes, se mutila lui-même, selon le livre VI de l'*Histoire ecclésiastique*. Je pensais que la miséricorde divine s'était montrée en cela plus douce pour moi que pour lui : Origène passe en effet pour avoir agi sans sagesse et commis, par cet acte, un péché grave ; j'avais été victime de la faute d'un autre, qui m'avait affranchi. Ma douleur physique avait été moindre, puisque soudaine et plus brève, et que, dans le sommeil où m'avaient surpris les agresseurs, ma sensibilité se trouvait engourdie. Mais si mon corps avait moins souffert, la calomnie me poursuivait plus longtemps, et ces attaques contre ma réputation me torturaient plus que n'avait fait ma blessure. On dit en ce sens : "Bonne renommée vaut mieux que ceinture dorée." Saint Augustin, dans un sermon sur la vie et les mœurs du clergé, écrit que

> *celui qui se fie à sa conscience et néglige sa réputation est cruel à lui-même.*

Et plus haut :

> *Cherchons à faire le bien, comme dit l'apôtre, non seulement devant Dieu, mais devant les hommes. Pour nous-mêmes, le témoignage de notre conscience suffit. Pour les autres, notre réputation doit rester pure et sans tache. La conscience et la réputation sont deux choses : celle-là pour toi, celle-ci pour ton prochain.*

Mes ennemis, s'ils avaient vécu au temps du Christ et de ses membres, les prophètes, les apôtres, les saints Pères, ne leur auraient pas épargné leurs calomnies, en les voyant, sans pourtant la moindre impureté, vivre dans la familiarité des femmes ! Saint Augustin, dans son livre sur *l'Œuvre des moines*, note que les femmes s'attachèrent à Notre-Seigneur et aux apôtres, et devinrent leurs inséparables compagnes, au point de les suivre même dans leurs tournées de prédication.

> *C'est ainsi, écrit-il, que des femmes fidèles et possédant quelque fortune marchaient à leurs côtés et les entretenaient de leurs biens de peur qu'ils ne vinssent à manquer de ce qui est nécessaire à la vie.*

On doit bien admettre qu'elles en avaient reçu l'autorisation des apôtres eux-mêmes : mais, en les laissant ainsi les accompagner partout où ils portaient la Bonne Nouvelle, ceux-ci ne faisaient qu'imiter le Christ. Il suffit en effet d'ouvrir l'Evangile :

> *Il voyagea ensuite, y lisons-nous, par les villes et les villages, annonçant le royaume de Dieu. Les Douze l'accompagnaient, et quelques femmes, qu'il avait délivrées d'esprits impurs ou guéries de diverses maladies, pourvoyaient à leur entretien : Marie, dite Madeleine, Jeanne, femme de Cuza, intendant d'Hérode, Suzanne, et d'autres.*

Léon IX, réfutant l'épître de Parménien *Sur le goût de la vie monastique*, s'exprime en ces termes :

> *Nous professons formellement qu'il est interdit à un évêque, un prêtre, un diacre ou un sous-diacre de se dispenser, sous prétexte de religion, des soins qu'il doit à son épouse. Il est tenu à lui assurer la nourriture et le vêtement ; il suffit qu'il interrompe les relations sexuelles.*

Ainsi vécurent les saints apôtres. N'avons-nous pas le droit, écrit saint Paul, d'emmener avec nous une femme qui serait notre sœur, comme le firent les frères du Seigneur et Céphas ? Remarquez bien qu'il ne dit pas : le droit de "posséder" une femme, mais d'"emmener avec nous". Ils pouvaient en effet subvenir, grâce au bénéfice des prédications, aux besoins de leur femme, sans que pour autant il y eût entre eux de relations charnelles.

Le pharisien se dit en lui-même, pensant au Seigneur : Cet homme, s'il était vraiment prophète, saurait bien de quelle espèce est la femme qui le touche : une fille de mauvaise vie. Certes, le pharisien avait lieu, dans l'ordre des jugements humains, de former sur le Seigneur des conjectures honteuses, et cela plus naturellement que d'autres ne l'ont fait sur moi. Ceux qui virent la mère de Jésus confiée à un jeune homme, ou les prophètes hébergés par des veuves, dans leur intimité, auraient été plus excusables de concevoir quelques soupçons. Qu'auraient dit mes détracteurs, s'ils avaient connu ce Malchus, moine captif dont parle saint Jérôme, et qui vivait avec sa femme dans une même retraite ? Ils auraient tiré grief d'une conduite où le saint docteur ne voit qu'un sujet d'édification.

Il y avait un vieillard, écrit-il, nommé Malchus, originaire de l'endroit même. Une vieille femme habitait avec lui. Tous deux pleins de zèle pour la religion, et tant assidus à l'église qu'on les aurait pris pour Zacharie et Elisabeth si Jean s'était trouvé entre eux !

Pourquoi donc, enfin, ne s'attaque-t-on pas aux saints Pères, dont nous lisons à chaque page de l'histoire qu'ils ont établi et entretenu des monastères de femmes ? Ils suivaient ainsi l'exemple des sept diacres que les apôtres chargèrent de les remplacer auprès des saintes femmes, en assurant leur ravitaillement et leur service.

Le sexe faible ne peut se passer de l'aide du sexe fort. C'est en ce sens que, selon le mot de l'apôtre, l'homme est le chef de la femme. Aussi l'écrivain sacré ordonne-t-il à celle-ci, en signe de subordination, de garder la tête voilée. Pour moi, je m'étonne fort que la coutume mette, à la direction des couvents d'hommes, un abbé, à celle des couvents de femmes, une abbesse, et impose aux deux sexes la même règle dont pourtant certaines prescriptions sont trop rigoureuses pour des femmes, quel que soit leur rang dans la hiérarchie. Presque partout, l'ordre naturel est bouleversé ; nous voyons abbesses et moniales dominer les prêtres mêmes, auxquels le peuple est soumis, et leur inspirer d'autant plus facilement de mauvais désirs que leur pouvoir est plus grand, leur autorité plus étroite. Un poète satirique écrivait, à ce propos :

Rien n'est plus intolérable qu'une femme riche.

Ces réflexions me déterminèrent à aider de tout mon pouvoir mes sœurs du Paraclet, et à assurer l'administration de leur établissement. Ma présence, les tenant en éveil, augmenterait leur respect pour moi et je pourrais ainsi subvenir plus efficacement à leurs besoins. Puisque mes fils me persécutaient plus durement encore que jadis ne l'avaient fait mes frères, je chercherais auprès d'elles le calme d'un port après la violence de ces tempêtes ; je respirerais enfin et, ne pouvant faire du bien à mes moines, je leur en ferais du moins un peu à elles. Je travaillerais ainsi d'autant mieux à mon salut que leur faiblesse exigeait davantage mes secours.

Mais Satan me poursuivait. Je ne trouvais nulle part de repos, ni même la possibilité de vivre. Comme Caïn le maudit, errant et fugitif, j'étais porté çà et là, au hasard. "Dehors, le combat, dedans, la crainte", je le répète, me tourmentent sans cesse ; bien plus, la crainte et le combat règnent à la fois au-dedans et au-dehors. Les persécutions farouches de mes fils sont plus obstinées et redoutables que ne l'étaient celles de mes ennemis ; car mes fils ne me quittent pas, et je me vois perpétuellement exposé à leurs attaques. Quand mes ennemis préparent quelque complot contre ma personne, il me suffit de sortir du cloître pour m'en apercevoir ; mais les machinations insidieuses de mes fils, de mes moines, je dois les supporter dans le cloître même, moi leur abbé, et leur père, à qui on les a confiés. Combien de fois ont-ils tenté de m'empoisonner, comme jadis on le fit pour saint Benoît ! Le même motif qui poussa ce saint à abandonner ses fils pervers m'engageait à suivre l'exemple d'un tel Père. Aussi bien, en m'exposant à un péril certain, plutôt que de donner à Dieu une preuve d'amour, je le tentais témérairement ; on verrait en moi l'auteur de ma propre perte.

Je m'efforçais de déjouer ces ruses quotidiennes, en surveillant autant que je le pouvais ce qu'on m'apportait à manger et à boire. Mes moines essayèrent alors de m'empoisonner pendant la messe, en versant dans le calice un liquide toxique.

Un jour que je m'étais rendu à Nantes pour rendre visite au comte, qui était malade, je logeai chez l'un de mes frères selon la chair. Mes moines imaginèrent de me faire servir du poison par un domestique de ma suite, comptant sans doute que ma vigilance se relâcherait durant le voyage. Mais la Providence voulut que je ne touchai pas aux aliments ainsi préparés : un frère que j'avais amené avec moi, ignorant le complot, les consomma et mourut sur-le-champ. Le domestique, auteur du méfait, épouvanté par le témoignage de sa conscience et par l'évidence du fait, prit la fuite. Dès lors, la méchanceté de mes fils éclata aux yeux de tous, et je commençai à me dérober ouvertement, dans la mesure du possible, à leurs entreprises. Je m'absentai souvent de l'abbaye, je restai dans les prieurés écartés, accompagné seulement d'un petit nombre de frères. Quand on apprenait, au couvent, que je devais prendre tel ou tel chemin, on soudoyait des brigands et on les postait sur mon passage, avec mission de me tuer.

Au plus fort de la lutte que je menais contre tous ces dangers, je tombai un jour de ma monture : la main de Dieu me frappa durement ; je me brisai les vertèbres du cou. Cette chute m'abattit moralement, et m'affaiblit plus encore que mes souffrances antérieures. L'indiscipline de mes subordonnés me contraignit à les menacer d'excommunication. Je parvins même à extorquer, à quelques-uns de ceux dont j'avais le plus à craindre, sur leur parole et par un engagement public, la promesse de se retirer définitivement de l'abbaye et de ne plus m'inquiéter d'aucune manière. Mais, au su de tous, ils violèrent, de façon éhontée, leur serment. Il fallut l'autorité du pape Innocent, qui dépêcha un légat à cet effet, pour les contraindre à le renouveler, sur ce point et sur d'autres, en présence du comte et des évêques.

Pourtant, même depuis lors, mes moines ne se tiennent pas en paix. Récemment, après l'expulsion des fauteurs de troubles, je revins à l'abbaye, m'abandonnant aux autres frères, qui me paraissaient moins suspects. Je les trouvai pires que les premiers. Renonçant au poison, ils entreprirent de se défaire de moi par les armes : je leur échappai, avec peine, aidé par l'un des principaux barons du pays.

Des périls semblables me menacent aujourd'hui encore ; je sens continuellement un glaive levé sur ma tête ; je puis à peine respirer aux repas ; je ressemble à cet homme qui voyait le bonheur suprême dans la puissance et les richesses de Denis le tyran, et qui, découvrant une épée suspendue à un fil au-dessus de lui, apprit de quelle félicité sont accompagnées les grandeurs de la terre ! Voilà ce que désormais j'éprouve sans trêve, moi, pauvre moine élevé au rang d'abbé, et dont la misère s'est accrue à proportion des honneurs, afin d'enseigner par cet exemple, à ceux qui y aspirent, à refréner leur ambition.

Qu'il me suffise, ô mon frère très cher dans le Christ, vieux compagnon à qui tant d'intimité m'attache, d'avoir ainsi retracé, à l'intention de votre tristesse et devant l'injustice qui vous atteint, l'histoire des infortunes où je me débats depuis ma jeunesse. Comme je vous l'ai dit au commencement de cette lettre, mon but était de vous faire, par comparaison, trouver vos propres épreuves plus légères et de vous aider ainsi à les supporter. Tirez une perpétuelle consolation des paroles qu'adressa le Seigneur à ses fidèles, un jour qu'il les entretenait des démons :

> *S'ils m'ont persécuté, ils vous persécuteront. Si le monde vous hait, sachez qu'il m'a haï d'abord. Si vous aviez été du monde, le monde eût aimé ce qui lui appartenait.*

L'apôtre l'affirme :

> *Quiconque veut vivre pieusement dans le Christ souffrira persécution ;*

et ailleurs :

> *Je ne cherche pas à plaire aux hommes. Si je plaisais aux hommes je ne serais pas le serviteur du Christ.*

Le Psalmiste, de son côté :

> *Ceux qui plaisent aux hommes ont été confondus, parce que Dieu les a rejetés.*

Saint Jérôme, à qui j'ose me comparer pour la haine dont on me poursuit, médite sur ce texte dans son épître à Népotien :

> *Si je plaisais aux hommes, dit l'apôtre, je ne serais pas le serviteur du Christ. Il a cessé de*

plaire aux hommes, il est devenu le serviteur du
Christ.

Le même docteur écrit à Asella, parlant des faux amis :

Je rends grâces à mon Dieu d'être digne de la
haine du monde,

et, au moine Hésiodore :

Tu fais erreur, mon frère, tu fais erreur de croire
que le chrétien puisse jamais échapper à la per-
sécution. Notre ennemi, comme un lion rugissant,
rôde autour de nous, cherchant à nous dévorer.
Et voilà ce que tu crois être la paix ? L'ennemi
se tient en embuscade, et guette les riches voya-
geurs.

Encouragés par ces enseignements et ces exemples, efforçons-nous donc de supporter les coups du sort avec d'autant plus de sérénité qu'ils seront plus injustes. Ne doutons pas que, s'ils n'accroissent nos mérites, ils contribuent, du moins, à quelque expiation. La Providence divine préside à notre existence entière. Rien n'arrive par hasard ni sans la permission de la Bonté toute-puissante : cette pensée doit suffire à consoler le fidèle dans ses épreuves. Tout événement d'abord contraire à l'ordre providentiel est bientôt ramené par Dieu à une fin bonne. Il est donc juste de répéter à tout propos : Que Ta volonté soit faite. Quelle consolation apporte aux âmes pieuses cette phrase de l'apôtre : Nous savons que, pour ceux qui aiment Dieu, tout coopère à leur bien ! Telle était la pensée du Sage, lorsqu'il écrivit dans les *Proverbes* : *Aucun événement n'attristera le juste.* L'écrivain sacré nous l'atteste ici : quiconque s'irrite d'une épreuve qu'il sait dispensée par la Providence pèche gravement contre la justice ; suivant son propre penchant plutôt que l'intention divine, il prononce de bouche le *fiat* ; mais son cœur répugne à cette idée, et il fait passer sa volonté avant celle du Très-Haut. Adieu.

CORRESPONDANCE AVEC HÉLOÏSE

PRÉFACE

Rendre, coûte que coûte, à la liaison qu'ils eurent
son intemporelle réalité. Ecorcher ce corps et cette
âme, les dépouiller de leur enveloppe accidentelle,
pour mettre à nu la substance. De la tragédie individuelle, dégager le drame universel où l'humanité
entière a part, avec Dieu. Une tendresse lie encore
Abélard. Depuis tant d'années qu'il la porte en
lui, il a compris qu'elle s'épanouira dans la seule
union qui demeure possible : celle que permettra
une accession commune à une sainteté identique.
Abélard sait bien que leurs voies, nécessairement,
différeront ; mais le but est le même. On pressent,
chez le dialecticien qu'est *Abélard*, une évolution
curieuse : il s'engage dans une voie spéculative nouvelle, proche de la théologie mystique de Bernard
de Clairvaux. Mais cette théologie, il en fait application à son seul problème : elle lui prête un nouveau langage pour penser et dire son amour. Il sait
bien que la sensualité d'*Héloïse* subsiste, ravivée
par la privation et par le miracle du souvenir. Il
faut donc absolument, pour lui rendre accessibles
les termes nouveaux de l'union qu'il propose, vider

de tout contenu admirable le souvenir, et convaincre de l'excellence de la privation. Cette entreprise exige d'*Abélard* qu'il se montre dur. Il choisit les mots les plus cruels, il affecte d'insister sur la souillure de la chair : le péché.

De nouveau, nous voici devant l'Obstacle. Mais, aujourd'hui, il faut l'abolir. *Abélard* ne s'est pas libéré du langage de son siècle. Où qu'il se tourne, il se heurte aux notions courtoises de distance et d'impossibilité du lien. *Abélard*, partagé entre sa honte et sa tendresse – et quelque mauvaise conscience, qu'il tente d'assumer –, se couvre d'une formule. Il use, il abuse, s'il le faut, de son prestige. Il sait bien qu'*Héloïse* ne pense et ne sent que par lui, que son admiration passionnée, sans obnubiler son jugement, le gauchit à certaines heures. Il faut profiter de ces instants d'aveuglement.

Abélard recourt contre *Héloïse* à toute son habileté dialectique. Il procède en deux temps. Premier temps : leur amour, dans sa forme ancienne, se heurta au péché. Maintenant, *Abélard* a été tiré du péché. Il faut contraindre la jeune femme à le suivre, à désirer le suivre, dans sa liberté spirituelle de castrat. *Abélard* exalte symboliquement la dignité de l'eunuque, requiert la Bible et les Pères de lui fournir de troublants exemples. Il lui faut, sur ce point, et précisément parce que le physique ne concerne plus pour lui le fond du problème, briser l'intelligence et la sensibilité, les forcer au retournement des perspectives. *Abélard* se vante moins de l'amputation qu'il a subie que d'avoir passé le premier seuil de l'amour véritable. Il agite, sous les regards d'*Héloïse* perplexe, l'étendard des milices bienheureuses, déjà participant à la Divinité, et feint d'avoir rang parmi elles.

Il ne s'agit que de vivre, et de faire vivre. Parmi les arguments et les prières qu'il jette pêle-mêle dans ses lettres, brille la lumière d'une foi : il n'y a pas, il ne peut y avoir de conflit définitif entre la grâce et la nature, entre l'amour divin et celui des créatures ; il n'y a que des apparences de conflit, et des aveuglements plus ou moins volontaires. Il est dans la nature de l'amour de s'accomplir en Dieu. Certes, pour *Héloïse*, ce dépassement nécessaire sera l'œuvre du temps et d'une pénible ascèse. Mais *Abélard* se flatte de l'avoir, quant à lui, réalisé déjà. Il se présente à son épouse affranchi des servitudes corporelles. Il joue un rôle. Il adopte une ruse pédagogique ; mais, par là même, peut-être se donne-t-il raison.

Son apparente dureté de cœur provient d'une intuition psychologique surprenante pour son temps. Il semble connaître notre sublimation, avoir décelé les instincts masochistes de la sexualité d'*Héloïse*, et leur applique une méthode qui, en en résolvant le complexe, les transpose sur le plan spirituel. Il feint ainsi de partir des positions courtoises dont la jeune femme ne se dégage pas : mais il corrige insensiblement la doctrine mondaine, en vertu du postulat que l'Obstacle, en réalité, fut le péché. Or, le péché sera aboli.

Il s'élève, de la chasteté contrainte, à la gratuité du don ; de la joie du cœur, à la contemplation des analogies divines. Prisonnier du vocabulaire étroit du troubadour, *Abélard* en conserve les formes, mais il modifie le sens des mots, entraîné dans le système de son vocabulaire mystique et l'élan de sa nouvelle sincérité : il n'y a, pour ainsi dire, qu'à renoncer au péché, et tout redeviendra vrai. Les contemporains purent se faire illusion sur un tel langage, et voir en *Abélard* le plus grand amoureux à la mode de leur siècle.

Second temps. *Abélard* tout à coup se dérobe. Il s'est servi de lui-même comme d'un appât. *Héloïse*, amorcée, se tient sur le seuil d'un autre monde. A la misère de sa propre humanité, *Abélard* substitue le Christ en croix. "Voici le seul amant qui t'a aimée." La blessure de la castration, l'humiliation de l'ostracisme dont est victime le Maître et époux sont de faibles échos à la douleur de Dieu. Pourtant, ils lui répondent, humblement, et se mêlent à elle. *Abélard* fut coupable ; peu importe aujourd'hui à Dieu. Il offre volontairement son malheur, en union, et tellement intime qu'*Héloïse* ne pourra plus adresser à lui sa pensée ou son cœur, sans atteindre le Dieu auquel il est attaché.

Arrivé à ce point, *Abélard* coupe court. Le passé, à ses yeux, est mort : il ne subsiste plus que dans cette espérance. *Abélard* attend que la grâce fasse son œuvre... L'Attente, le Silence qui suit la chanson démonstrative : cela même, nous le connaissons d'ailleurs. C'est tout un système d'expression qu'*Abélard* transpose – ranime – en y infusant sa théologie ; le dolorisme latent (au moins verbal) de l'amour courtois s'articule ici sur le dolorisme surnaturel propre au catholicisme médiéval, débouche sur lui, le signifie. *Abélard*, par abstraction et analogie – selon la méthode habituelle dans les spéculations philosophiques de ce temps –, s'efforce d'utiliser ce cadre, pour rendre compte d'une situation limite qui n'a de sens que par rapport à une transcendance.

En appelant *Héloïse* à diriger le monastère du Paraclet, Abélard a fermé la boucle terrestre de son amour. Il ne lui reste plus qu'à régler la liturgie à laquelle son épouse préside. Après tant de chansons passionnées, il écrit pour elle des hymnes de chœur…

Mais *Héloïse* ?

Elle est, dans le malheur, plus perspicace encore qu'elle ne le fut dans la prospérité. Mieux qu'*Abélard* elle parvient, çà et là, par le seul effet de son humilité, à échapper à la phraséologie de son temps. Elle est plus faible, malgré sa volonté de croire, et d'adhérer au Christ ; sa foi chancelle, parce que *Héloïse* est divisée contre elle-même. Elle souffre de son désir inutile. Du couple impossible qu'elle forme avec *Abélard*, par delà l'obstacle définitif de la castration, Dieu est absent : Dieu est en dehors ; il est le "losengier", le Vilain des chansons courtoises. Le scandale est pour *Héloïse* ce conflit qui la déchire, entre l'esprit et le sexe, entre l'idéologie du cloître et celle de l'amour ; loin de nier ce conflit, comme il était à la mode de le faire, elle le proclame, et s'en glorifie presque.

Elle ne croit pas à la vertu. Elle reste amère, révoltée parfois. Elle se ferme, s'interdit de croire. Aux premières lettres d'*Abélard* elle oppose un refus. Mieux, elle le tente. Elle lui rappelle les heures les plus ardentes, les lieux. Elle aussi veut convaincre : mais les arguments ne sont pas dictés à *Héloïse* par le souci dialectique. Insidieusement, elle évoque un passé, elle se penche sur la propre mémoire d'*Abélard*, tentant d'éveiller des souvenirs plus forts que la pensée présente de Dieu. Sans doute, elle ne se leurre qu'à demi. Elle joue à la fois de cet érotisme à demi honteux, et de la tendresse. Elle demande une réponse ; elle demande un mot, un seul, qui signifie qu'on a compris, si même on repousse encore. *Abélard* ne s'y trompe pas. Alors, *Héloïse* ose davantage : elle refuse la connivence où l'invite *Abélard* ; elle est innocente, elle n'a rien à expier ; elle s'emporte, elle tente de frapper au cœur.

Ce n'est pas là un dialogue. C'est un monologue alterné, dont l'objet a cessé d'être le même. *Héloïse* parle au passé ; *Abélard*, au présent et au futur. L'amour, pour elle, est derrière ; pour lui, en avant, déjà donné à qui saura dire oui, et reconnaître sa transcendance. Mais ce qu'*Héloïse*, justement, ne peut admettre, c'est que l'obstacle, jadis, ait été le péché, ni qu'aujourd'hui il n'y ait plus d'obstacle. Où chercher la consolation ? *Héloïse* glisse aux facilités de la tristesse, de l'*"acedia"*, ce "mal du siècle" des monastères médiévaux. Loin de se soumettre, elle accuse. Elle laisse *Abélard* prêcher dans le désert. Pourquoi tant souffrir ? Elle revient, ultime recours, aux préjugés de sa jeunesse courtoise, comme à la sagesse des nations. Le sort les a punis, d'entrer dans les liens du mariage. Qu'*Abélard* ne se dérobe donc pas, sous le couvert d'une rhétorique cléricale, à son seul devoir : acquitter la dette amoureuse qu'il contracta envers elle. Certes, il n'est plus question de plaisir, mais de vie, et de paroles, et de tendresse, et de ne point tolérer cette absurde séparation.

Tendresse, colère ; invective, apitoiement ; et parfois, comme si peut-être on ne sait quel miracle allait ainsi se produire, l'intermittent remords. Face à l'implacable logique d'*Abélard*, à cette avidité sanctifiante, *Héloïse* va d'inconséquence en inconséquence, sa pensée en devient, à certains moments, si complexe que le sens de ses phrases se dégage mal. Contre la brutalité rigoureuse de son époux, *Héloïse* jette en désordre les morceaux d'elle-même. Son désespoir invoque l'un des lieux communs littéraires les plus éprouvés de ce temps : "Les femmes ne pourront donc jamais conduire les grands hommes qu'à la ruine…" Elle pense à David et Bethsabée, à Samson, à Salomon, qui sait ? à Arthur, à Merlin, à Tristan ?

Soudain elle croit avoir touché le cœur d'*Abélard*, senti une souffrance nouvelle s'éveiller en lui. Aussitôt, elle se rétracte, elle détruit en une page ce qu'elle a cru établir. Elle se déchire elle-même, accroît son propre trouble pour troubler *Abélard*. Qu'il ait au moins pitié de lui-même !

L'Obstacle est maintenant, plus même que la castration, la sainteté de ce cruel amant. Contre cet obstacle-là, les rhétoriques s'épuisent, le cadre courtois, désarticulé, ne sert plus de rien. Mais pour elle, qui est demeurée en deçà du seuil qu'a franchi *Abélard*, sans ce cadre, rien ne peut plus être dit. C'est pourquoi la voix d'*Héloïse* s'affaiblit progressivement, les mots se dérobent ; les seuls qui restent encore disponibles sont ceux qu'inspire à l'accusée le seul sentiment de justice.

Dans le temps même où *Abélard* est parvenu à revivifier assez intensément le pauvre langage convenu de l'amour pour exprimer son aventure personnelle dans son absolue unicité, *Héloïse* a brisé ce langage, comme un jouet à la magie duquel il n'y a plus moyen de croire.

Les paroles d'*Abélard* lui sont devenues, par là même, de plus en plus incompréhensibles. L'obstacle est dans la langue même, dans la pensée. *Héloïse* se tait.

Peut-être serait-il abusif d'interpréter, en termes modernes, ce silence comme un repli, et quelque autocastration compensatoire. Pour l'historien des mentalités médiévales, c'est bien plutôt là une manifestation éclatante de ces conversions subites, si souvent narrées par hagiographes et chroniqueurs, mouvements passionnés de l'âme, d'une heure à l'autre et sans préliminaires apparents rejetant l'être au sein même de ce qu'il avait jusqu'alors renié : une réconciliation – avec soi, avec Dieu, avec telle grande cause. Mais, pour l'homme, la femme, de ce temps, la réconciliation implique rupture et violence... laissant subsister sans doute, au fond, l'une de ces fissures qui, beaucoup plus tard, contribueront à faire craquer l'unité factice d'une civilisation.

Après la date (fictive ?) de la lettre IV, Abélard vécut encore huit ou neuf ans, poursuivi plus que jamais par ses ennemis, et vit l'ensemble de son œuvre condamné solennellement, en 1140, au concile de Sens. Il se retira au monastère de Cluny, auprès de Pierre le Vénérable qui, lorsque enfin, en 1142, Abélard eut rencontré une mort tant désirée, prit sur lui de l'absoudre, recueillit son fils Astrolabe, et adressa à Héloïse une lettre admirable, retraçant les derniers moments de son époux.

Ses lignes portent témoignage de l'humilité parfaite du malheureux, parvenu au dernier degré de l'abaissement et de la déchéance physique. Abélard, au terme de son lent naufrage, avait vraiment abandonné tout au monde. Il avait passé au-delà des mots et des systèmes ; et la civilisation de son siècle, ne le contenant plus dans l'étroitesse des formules apprises, l'avait rejeté. Au-delà de la mort, c'est *Héloïse* qui triomphait. Selon une légende tardive, elle avait, quant à son tour elle mourut, en 1164, demandé à être ensevelie dans le même tombeau qu'Abélard : lorsqu'on y déposa son corps, le cadavre d'Abélard tendit les deux bras pour la recevoir.

D'HÉLOÏSE A ABÉLARD

Couvent du Paraclet, Champagne

A son seigneur, ou plutôt son père ; à son époux, ou plutôt son frère ; sa servante, ou plutôt sa fille ; son épouse, ou plutôt sa sœur ; à Abélard,

HÉLOÏSE

Mon bien-aimé, le hasard vient de faire passer entre mes mains la lettre de consolation que tu écrivis à un ami. Je reconnus aussitôt, à la suscription, qu'elle était de toi. Je me jetai sur elle et la dévorai avec toute l'ardeur de ma tendresse : puisque j'avais perdu la présence corporelle de celui qui l'avait écrite, du moins les mots ranimeraient un peu pour moi son image.

Je m'en souviens : cette lettre, presque à chaque ligne, m'abreuva de fiel et d'absinthe, me retraçant l'histoire lamentable de notre conversion et des croix dont tu n'as, toi mon unique, cessé d'être accablé. Tu as bien tenu la promesse qu'en commençant tu faisais à ton ami : ses épreuves, en comparaison des tiennes, ont dû lui paraître bien peu de chose ! Après avoir raconté les persécutions dirigées contre toi par tes maîtres, puis l'injuste attentat perpétré sur ton corps, tu as peint l'exécrable jalousie et l'acharnement de tes condisciples, Albéric de Reims et Lotulphe le Lombard. Tu as exposé par le détail les actes de violence que leurs machinations ont déchaînés contre ton glorieux ouvrage de théologie, et contre toi-même, condamné à une sorte de prison. Passant alors aux menées de ton abbé et de tes frères perfides, et aux calomnies plus graves encore des deux faux apôtres excités contre toi par tes rivaux, tu as évoqué le scandale produit dans le grand public par le nom inusité de Paraclet, donné à ton oratoire. Enfin, pour achever ce déplorable récit, tu as parlé des vexations incessantes dont ce persécuteur impitoyable et les moines vicieux que tu nommes tes fils te tourmentent aujourd'hui encore.

Je doute que personne puisse lire ou entendre sans larmes une telle histoire ! Elle a renouvelé mes douleurs, et l'exactitude de chacun des détails que tu rapportais leur rendait toute leur violence passée. Bien plus, ma souffrance s'accrut, quand je vis tes épreuves aller toujours en augmentant. Nous voici donc toutes réduites à désespérer de ta vie même, et à attendre, le cœur tremblant, la poitrine haletante, l'ultime nouvelle de ton assassinat.

Aussi te conjurons-nous, par le Christ qui, en vue de sa propre gloire, te protège encore d'une certaine manière, nous, ses petites servantes et les tiennes, de daigner nous écrire fréquemment pour nous tenir au courant des orages où tu es aujourd'hui ballotté. Nous sommes les seules qui te restent ; nous du moins participerons ainsi à tes souffrances et à tes joies. Les sympathies, d'ordinaire, procurent à celui qui souffre une certaine consolation ; un fardeau qui pèse sur plusieurs est plus léger à soutenir, plus facile à porter. Si la tempête actuelle se calme un peu, hâte-toi de nous écrire ; la nouvelle nous causera tant de joie ! Mais, quel que soit l'objet de tes lettres, elles nous seront toujours douces, ne fût-ce qu'en nous témoignant que tu ne nous oublies pas.

Sénèque, dans un passage des *Lettres à Lucilius*, analyse la joie que l'on éprouve en recevant une lettre d'un ami absent. "Je vous remercie, dit-il, de m'écrire aussi souvent. Vous vous montrez ainsi à moi de la seule façon qui vous soit possible. Jamais je ne reçois l'une de vos lettres qu'aussitôt nous ne soyons réunis. Si les portraits de nos amis absents nous sont chers, s'ils renouvellent leur souvenir et calment, par une vaine et trompeuse consolation, le regret de l'absence, que les lettres sont donc plus douces, qui nous apportent une image vivante !" Grâce à Dieu, aucun de tes ennemis ne pourra t'empêcher de nous rendre par ce moyen ta présence, aucun obstacle matériel ne s'y oppose. Je t'en supplie, ne va point y manquer par négligence !

Tu as écrit à ton ami une très longue lettre où, à propos de ses malheurs, tu lui parles des tiens. En les rappelant ainsi en détail, tu avais en vue de consoler ton correspondant ; mais tu n'as pas peu ajouté à notre propre désolation. En cherchant à panser ses blessures, tu as ravivé les nôtres et nous en as infligé de nouvelles. Guéris, je t'en conjure, le mal que tu nous as fait toi-même, toi qui t'attaches à soigner celui que d'autres ont causé ! Tu as donné satisfaction à un ami, à un compagnon, tu as acquitté la dette de l'amitié et de la fraternité. Mais tu es engagé envers nous par une dette bien plus pressante : qu'on ne nous appelle pas, en effet, tes "amies", tes "compagnes", ces noms ne nous conviennent pas ; nous sommes celles qui seules t'aiment vraiment, tes filles ; qu'on emploie, s'il s'en trouve, un terme plus tendre et plus sacré !

Si tu doutais de la grandeur de la dette qui t'oblige envers nous, nous ne manquerions ni de preuves ni de témoignages pour t'en convaincre. Tout le monde se tairait-il que les faits parleraient d'eux-mêmes. Le fondateur de notre établissement, c'est toi seul après Dieu, toi seul le constructeur de notre chapelle, le bâtisseur de notre congrégation. Tu n'as rien édifié sur les fondements d'autrui : tout ici est ton œuvre. Ce désert, abandonné aux bêtes sauvages et aux brigands, n'avait jamais connu d'habitation humaine, jamais possédé de maisons. Parmi les repaires des fauves et les cavernes des bandits, où jamais le nom de Dieu n'avait été invoqué, tu as édifié le tabernacle divin et dédié un temple au Saint-Esprit. Tu as refusé, pour cet ouvrage, l'aide des trésors royaux ou princiers, dont pourtant tu aurais pu tirer de puissants secours ; mais tu voulais que rien n'y vînt que de toi seul. Les clercs et les étudiants, accourant à l'envi pour entendre tes leçons, pourvoyaient à tout le nécessaire. Ceux mêmes qui vivaient de bénéfices ecclésiastiques et, loin de distribuer des largesses, ne savaient guère qu'en recevoir, ceux dont les mains n'avaient appris qu'à prendre et à ne rien donner, tous devenaient auprès de toi prodigues et t'accablaient de leurs offrandes.

Elle est donc à toi, bien vraiment à toi, cette plantation nouvelle qui croît dans l'amour sacré. Elle pousse maintenant de tendres rejetons qui, pour profiter, ont besoin d'arrosage. Elle est formée de femmes ; et ce sexe est débile ; sa faiblesse ne tient pas seulement à son jeune âge. Sans cesse, elle exige une culture attentive et des soins fréquents selon la parole de l'apôtre : "J'ai planté, mon disciple arrosa, Dieu a donné l'accroissement." Par sa prédication, l'apôtre avait planté l'Eglise de Corinthe, il l'avait fortifiée dans la foi par ses enseignements. Puis son disciple l'avait arrosée de saintes exhortations, et la grâce divine avait alors accordé à ses vertus de croître.

Tu travailles maintenant une vigne que tu n'as pas plantée, dont le fruit n'est pour toi qu'amertume ; tes admonitions y restent stériles, et vains les entretiens sacrés. Songe à ce que tu dois à la tienne, toi qui prends soin ainsi de celle d'autrui ! Tu enseignes, tu sermonnes des rebelles, et tes efforts sont infructueux. Tu répands en vain devant des porcs les perles d'une éloquence divine. Toi qui te prodigues auprès d'obstinés, considère ce que tu nous dois, à nous qui te sommes soumises. Tu fais des largesses à tes ennemis ; médite ce que tu dois à tes filles. Sans même penser aux autres, pèse la dette qui te lie à moi : peut-être t'acquitteras-tu avec plus de zèle envers moi personnellement, qui seule me suis donnée à toi, de ce que tu dois à la communauté de ces femmes pieuses.

Tu possèdes une science éminente, je n'ai que l'humilité de mon ignorance : mieux que moi, tu sais combien de traités les Pères de l'Eglise écrivirent pour l'instruction, la direction et la consolation des saintes femmes, et quel soin ils mirent à les composer. Aussi m'étonné-je grandement de voir depuis si longtemps que tu mets en oubli l'œuvre à peine commencée de notre conversion. Ni le respect de Dieu, ni notre amour, ni les exemples des saints Pères n'ont pu te décider à soutenir, de vive voix ou par lettre, mon âme chancelante et sans cesse affligée de chagrin ! Et pourtant, tu sais quel lien nous attache et t'oblige, et que le sacrement nuptial t'unît à moi, d'une manière d'autant plus étroite que je t'ai toujours, à la face du monde, aimé d'un amour sans mesure.

Tu sais, mon bien-aimé, et tous le savent, combien j'ai perdu en toi ; tu sais dans quelles terribles circonstances l'indignité d'une trahison publique m'arracha au siècle en même temps que toi, et je souffre incomparablement plus de la manière dont je t'ai perdu que de ta perte même. Plus grand est l'objet de la douleur, plus grands doivent être les remèdes de la consolation. Toi seul, et non un autre, toi seul, qui seul es la cause de ma douleur, m'apporteras la grâce de la consolation. Toi seul, qui m'as contristée, pourras me rendre la joie, ou du moins soulager ma peine. Toi seul me le dois, car aveuglément j'ai accompli toutes tes volontés, au point que j'eus, ne pouvant me décider à t'opposer la moindre résistance, le courage de me perdre moi-même, sur ton ordre. Bien plus, mon amour, par un effet incroyable, s'est tourné en tel délire qu'il s'enleva, sans espoir de le recouvrer jamais, à lui-même l'unique objet de son désir, le jour où pour t'obéir je pris l'habit et acceptai de changer de cœur. Je te prouvai ainsi que tu règnes en seul maître sur mon âme comme sur mon corps. Dieu le sait, jamais je n'ai cherché en toi que toi-même. C'est toi seul que je désirais, non ce qui t'appartenait ou ce que tu représentes. Je n'attendais ni mariage, ni avantages matériels, ne songeais ni à mon plaisir ni à mes volontés, mais je n'ai cherché, tu le sais bien, qu'à satisfaire les tiennes. Le nom d'épouse paraît plus sacré et plus fort ; pourtant celui d'amie m'a toujours été plus doux. J'aurais aimé, permets-moi de le dire, celui de concubine et de fille de joie, tant il me semblait qu'en m'humiliant davantage j'augmentais mes titres à ta reconnaissance et nuisais moins à la gloire de ton génie.

Tu ne l'as pas complètement oublié. Dans cette lettre de consolation à ton ami, tu as bien voulu exposer toi-même quelques-unes des raisons que j'invoquais pour te détourner de cette malheureuse union. Pourtant, tu as passé sous silence la plupart de celles qui me faisaient préférer l'amour au mariage, et la liberté au lien. J'en prends Dieu à témoin : Auguste même, le maître du monde, eût-il daigné demander ma main et m'assurer à jamais l'empire de l'univers, j'aurais trouvé plus doux et plus noble de conserver le nom de courtisane auprès de toi que de prendre celui d'impératrice avec lui ! La vraie grandeur humaine ne provient ni de la richesse ni de la gloire : celle-là est l'effet du hasard ; celle-ci, de la vertu. La femme qui préfère épouser un riche plutôt qu'un pauvre se vend à lui et aime en son mari plus ses biens que lui-même. Celle qu'une telle convoitise pousse au mariage mérite un paiement plus que de l'amour. Elle s'attache moins, en effet, à un être humain qu'à des choses ; si l'occasion s'en présentait, elle se prostituerait certainement à un plus riche encore. Telle est, selon toute évidence, la pensée de la sage Aspasie, dans la conversation que rapporte Eschine, disciple de Socrate : ayant tenté de réconcilier Xénophon et sa femme, elle achève son discours en ces termes : "Si vous parvenez à devenir l'un et l'autre l'homme le plus vertueux, la femme la plus aimable du monde, vous aurez désormais pour seule ambition, ne connaîtrez d'autre vertueux désir, que d'être le mari de la meilleure des femmes, la femme du meilleur des maris." Pieuse opinion, et mieux que philosophique, dictée par une haute sagesse plus que par des théories ! Pieuse erreur, bienheureux mensonge entre époux, que celui où une affection parfaite croit garder le bien conjugal par la pudeur de l'âme plus que par la continence des corps !

Mais ce qu'une semblable erreur enseigne à d'autres femmes, c'est une vérité manifeste qui me l'apprit. Ce qu'en effet elles pensaient personnellement de leurs maris, je le pensais de toi, certes, mais le monde entier le pensait aussi, le savait de science sûre. Mon amour pour toi était ainsi d'autant plus vrai que mieux préservé d'une erreur de jugement. Quel roi, quel philosophe pouvait égaler ta gloire ? Quel pays, quelle ville, quel village n'aspirait à te voir ? Qui donc, je le demande, lorsque tu paraissais en public, n'accourait pour te regarder et, quand tu t'éloignais, ne te suivait du regard, le cou tendu ? Quelle femme mariée, quelle jeune fille ne te désirait en ton absence ne brûlait quand tu étais là ? Quelle reine, quelle grande dame n'a pas envié mes joies et mon lit ?

Tu possédais deux talents, entre tous capables de séduire aussitôt le cœur d'une femme : celui de faire des vers, et celui de chanter. Nous savons qu'ils sont bien rares chez les philosophes. Ils te permettaient de te reposer, comme en jouant, des exercices philosophiques. Tu leur dois d'avoir composé, sur des mélodies et des rythmes amoureux, tant de chansons dont la beauté poétique et musicale connut un succès public et répandit universellement ton nom. Les ignorants mêmes, incapables d'en comprendre le texte, les retenaient,

retenaient ton nom, grâce à la douceur de leur mélodie. Telle était la raison principale de l'ardeur amoureuse que les femmes nourrissaient pour toi. Et, comme la plupart de ces chansons célébraient nos amours, bientôt mon nom se répandit en maintes contrées, excitant contre moi les jalousies féminines.

Quels charmes en effet de l'esprit et du corps n'embellissaient point ta jeunesse ? Quelle femme, m'enviant alors, ne compatirait aujourd'hui au malheur qui me prive de telles délices ? Quel homme, quelle femme, fût-ce mon pire ennemi, ne s'attendrirait pas envers moi d'une juste pitié ?

J'ai gravement péché, tu le sais ; pourtant, bien innocente. Le crime est dans l'intention plus que dans l'acte. La justice pèse le sentiment, non le geste. Mais quelles furent mes intentions à ton égard, toi seul, qui les éprouves, en peux juger. Je remets tout à ton examen, j'abandonne tout à ton témoignage. Dis-moi seulement, si tu le peux, pourquoi, depuis notre conversion monastique, que tu as seul décidée, tu m'as laissée avec tant de négligence tomber en oubli ; pourquoi tu m'as refusé la joie de tes entrevues, la consolation de tes lettres. Dis-le, si tu le peux, ou bien je dirai, moi, ce que je crois savoir, ce que tous soupçonnent ! C'est la concupiscence, plus qu'une affection véritable, qui t'a lié à moi, le goût du plaisir plutôt que l'amour. Du jour où ces voluptés te furent ravies, toutes les tendresses qu'elles t'avaient inspirées s'évanouirent.

Voilà, mon bien-aimé, la conjecture que forment, non pas moi vraiment, mais tous ceux qui nous connaissent. C'est là moins une supposition personnelle qu'une pensée générale, moins un sentiment particulier qu'un bruit répandu dans le public. Plût à Dieu qu'il me fût propre, et que ton amour trouvât contre lui des défenseurs ! Ma douleur s'apaiserait un peu. Plût à Dieu que je pusse trouver des raisons qui, en t'excusant, couvrissent d'une certaine façon la bassesse de mon cœur !

Considère, je t'en supplie, l'objet de ma demande. Il te paraîtra si minime, si aisé pour toi à satisfaire ! Puisque je suis frustrée de ta présence, que du moins l'affectueux langage d'une lettre (les mots te coûtent si peu !) me rende ta douce image ! Il est vain pour moi d'attendre de ta part un acte généreux quand en paroles tu montres une telle avarice. Je croyais jusqu'ici avoir acquis bien des mérites à tes yeux, ayant tout fait pour toi, et ne persévérant aujourd'hui que pour t'obéir. Seul un ordre de toi, et non un sentiment de piété, m'a livrée dès la première jeunesse aux rigueurs de la vie monastique. Si par là je n'ai pas acquis un mérite nouveau envers toi, juge de la vanité de mon sacrifice ! Je n'ai pas à en attendre de récompense divine, puisque ce n'est pas l'amour de Dieu qui m'a poussée.

Je t'ai suivi dans le cloître, que dis-je ? je t'y ai précédé. On pourrait croire que le souvenir de la femme de Loth se retournant derrière elle t'engagea à me revêtir la première du saint habit, et à me lier à Dieu par la profession avant de t'y lier toi-même. Je l'avoue, cette défiance, la seule que tu marquas à mon égard, m'a fait profondément souffrir, et m'a couverte de honte. Dieu sait que, sur un mot de toi, je t'aurais précédé, je t'aurais suivi sans hésiter jusqu'au séjour même de Vulcain ! Mon cœur m'a quittée, il vit avec toi. Sans toi, il ne peut plus être nulle part. Je t'en conjure, fais qu'il soit bien avec toi ! Il le sera s'il te trouve propice, si seulement tu lui rends tendresse pour tendresse, peu pour beaucoup, des paroles pour des actes. Plût à Dieu, mon aimé, que tu eusses moins de confiance en mon amour, et connusses l'inquiétude ! Mais plus j'ai fait pour renforcer ton sentiment de sécurité, plus j'ai eu à souffrir de ta négligence. Rappelle-toi, je t'en supplie, ce que j'ai fait, et considère tout ce que tu me dois.

Tant que je goûtai avec toi les voluptés de la chair, on a pu hésiter sur mon compte : agissais-je par amour, ou par simple concupiscence ? Mais aujourd'hui le dénouement de cette aventure démontre quels furent à son début mes sentiments. Je me suis interdit tout plaisir afin d'obéir à ta volonté. Je ne me suis rien réservé, sinon de me faire toute à toi. Vois quelle iniquité tu commets en accordant le moins à qui mérite le plus ; en lui refusant tout, lors même qu'il te serait facile de lui donner complètement le peu qu'il te demande.

Au nom de Dieu même à qui tu t'es consacré, je te conjure de me rendre ta présence, dans la mesure où cela t'est possible, en m'envoyant quelques mots de consolation. Fais-le du moins pour que, nantie de ce réconfort, je puisse vaquer avec plus de zèle au service divin ! Quand jadis tu m'appelais à des plaisirs temporels, tu m'accablais de lettres, tes chansons mettaient sans cesse sur toutes les lèvres le nom d'Héloïse. Les places publiques, les demeures privées en retentissaient. Ne serait-il pas plus juste de m'exciter aujourd'hui à l'amour de Dieu que de l'avoir fait jadis à l'amour du plaisir ! Considère, je t'en supplie, la dette que tu as envers moi ; prête l'oreille à ma demande.

Je termine d'un mot cette longue lettre : adieu, mon unique.

D'ABÉLARD A HÉLOÏSE

Abbaye de Saint-Gildas

A Héloïse, sa sœur bien-aimée dans le Christ, Abélard son frère en Lui.

Depuis que nous avons abandonné le siècle pour nous réfugier en Dieu, il est vrai que je ne t'ai encore écrit ni pour consoler ta douleur ni pour t'exhorter au bien. Pourtant, ce mutisme n'est pas dû à la négligence, mais à la très grande confiance que j'ai en ta sagesse. Je n'ai pas cru que de tels secours te fussent nécessaires : la grâce divine te comble en effet avec tant d'abondance de ses dons que tes paroles et tes exemples sont capables d'éclairer les esprits dans l'erreur, de fortifier les pusillanimes, de réconforter les tièdes, comme naguère ils le firent déjà lorsque, sous le haut gouvernement d'une abbesse, tu dirigeais un simple prieuré. Sachant que tu te prodigues aujourd'hui à tes filles avec autant de zèle que jadis à tes sœurs, je jugeais ces vertus suffisantes, et croyais tout à fait superflus mes conseils et mes exhortations. Mais puisqu'il en semble autrement à ton humilité, puisque tu éprouves le besoin de mon aide doctrinale et d'instructions écrites, adresse-moi par lettre des questions précises et j'y répondrai dans la mesure où le Seigneur m'en donnera le pouvoir.

Grâces soient rendues à Dieu d'inspirer à vos cœurs tant de sollicitude pour les dangers terribles et incessants où je vis ! Puisqu'il vous fait participer à mon affliction, puissent les suffrages de vos prières m'attirer sa protection miséricordieuse, et celle-ci écraser bientôt Satan sous nos pieds !

Je vais donc au plus tôt t'envoyer le Psautier que tu me réclames, ma sœur, chère autrefois dans le siècle, très chère maintenant dans le Christ. Il te servira à offrir au Seigneur un sacrifice perpétuel de prières pour tous mes péchés, de prières aussi pour les périls qui journellement me menacent. J'ai la mémoire pleine des témoignages et des exemples qui nous montrent de quel poids sont, auprès de Dieu et de ses saints, les prières des fidèles, des femmes surtout, pour ceux qui leur sont chers, et des épouses pour leurs époux. C'est dans cet esprit que l'apôtre nous recommande de prier sans cesse. Nous lisons que le Seigneur dit à Moïse : "Laisse-moi, que ma colère puisse éclater !" Et à Jérémie : "Ne prie plus pour ce peuple, et ne t'oppose point à moi." Dieu lui-même laisse clairement entendre par ces mots que les prières des saints mettent pour ainsi dire un frein à sa colère, la retiennent, et l'empêchent de sévir contre les pécheurs dans toute la mesure de leurs fautes. La justice le conduirait naturellement à sévir, mais les supplications de ses amis le fléchissent, lui font violence et l'arrêtent malgré lui. Il est dit, à celui qui prie ou se dispose à le faire : "Laisse-moi, et ne t'oppose point à moi." Le Seigneur ordonne de ne pas prier pour les impies. Mais le juste prie malgré cette interdiction, obtient ce qu'il demande, et change la sentence du juge irrité. Le texte saint ajoute en effet, à propos de Moïse : "Le Seigneur s'apaisa, et suspendit la punition qu'il voulait infliger à son peuple." Il est écrit ailleurs, au sujet de la création du monde : "Il *dit*, et le monde fut." Ici, on rapporte que Dieu avait *dit* le châtiment mérité par son peuple ; mais prévenu par la vertu d'une prière, il n'accomplit pas sa parole. Considère la force qu'aura notre oraison, si nous prions de la manière qui nous est prescrite, puisque ce que Dieu avait interdit au prophète de lui demander, celui-ci l'obtint en priant, et détourna le Tout-Puissant de son dessein ! Un autre prophète lui dit encore : "Lorsque vous serez irrité, souvenez-vous de votre miséricorde !"

Qu'ils écoutent ces paroles et les méditent, les princes de la terre qui, poursuivant avec plus d'obstination que de justice les infractions commises contre leurs édits, croiraient témoigner d'une honteuse faiblesse s'ils montraient quelque miséricorde ! Ils se tiendraient pour menteurs, s'ils revenaient sur leurs résolutions, s'ils n'exécutaient pas leurs mesures les plus imprévoyantes ou si, dans l'application, ils en corrigeaient la lettre ! A bon droit, je les comparerais à Jephté accomplissant stupidement un vœu stupide, et sacrifiant sa fille unique.

Je chanterai ta miséricorde et ta justice, Seigneur et : "La miséricorde exalte la justice." C'est en s'unissant à ces paroles du Psalmiste que l'on pénètre dans l'intimité de Dieu. Mais c'est aussi en prêtant l'oreille à cette menace de l'Ecriture : "Justice sans miséricorde contre celui qui ne fait pas miséricorde !" C'est dans ce sentiment que le Psalmiste, cédant aux supplications de l'épouse de Nabal du Carmel, cassa par miséricorde le serment, qu'il avait fait par justice, de détruire Nabal et sa maison. Il fit passer la prière avant la justice ; la supplication de l'épouse effaça le crime du mari.

Tels sont, ma sœur, l'exemple qui t'est proposé et la sécurité qui t'est donnée. Si la prière de cette femme eut tant d'efficacité auprès d'un homme, que n'obtiendrait en ma faveur la tienne auprès de Dieu ? Dieu, qui est notre père, aime ses enfants plus que David n'aimait la suppliante. Certes, il passait pour miséricordieux et bon, mais Dieu est la bonté et la miséricorde elles-mêmes. La suppliante était une laïque, une femme du siècle ; aucune profession sacrée ne l'attachait au Seigneur. Si ce n'était pas assez de ta seule prière pour être exaucée, la sainte assemblée de vierges et de veuves qui t'entoure obtiendrait ce que tu ne pourrais toi-même. La Vérité déclare en effet aux apôtres : "Quand deux ou trois s'assemblent en mon nom, je suis au milieu d'eux." Il est impossible de méconnaître le pouvoir dont jouit auprès de Dieu la prière constante d'une sainte congrégation. Si, comme dit l'apôtre, "la prière assidue d'un juste peut beaucoup", que ne doit-on pas espérer de tant de prières réunies ?

Tu sais, ma sœur très chère, par la trente-huitième homélie de saint Grégoire, quel secours apporta la prière de tout un monastère à l'un des frères qui, pourtant, se refusait à en bénéficier, ou ne s'y prêtait qu'à contrecœur. Il se voyait à l'extrémité, son âme malheureuse luttait avec l'angoisse, son désespoir et son dégoût de la vie le poussaient à détourner ses frères de prier pour lui. Les détails de ce récit n'ont pas échappé à ta sagesse. Plaise à Dieu que cet exemple t'engage, ainsi que la communauté de tes saintes sœurs, à prier pour qu'il me conserve vivant à vous ! Par lui, nous atteste saint Paul, il arriva que des femmes obtinssent la résurrection de leurs morts. Feuillette l'Ancien et le Nouveau Testament : tu constateras que les plus merveilleuses résurrections ont eu pour principaux, sinon seuls témoins, des femmes, ont été accomplies pour elles ou en leur faveur. L'Ancien Testament mentionne deux morts ressuscités à la demande d'une mère : par Elie, et par son disciple Elisée. Quant à l'Evangile, il rapporte trois résurrections, opérées par le Seigneur, et où des femmes jouent un rôle. Il confirme ainsi la parole apostolique à laquelle j'ai fait allusion : "Les femmes obtinrent la résurrection de leurs morts." Jésus, touché de compassion, rendit à une mère, veuve, l'enfant qu'il ressuscita devant la porte de Naïm.

A la prière des sœurs Marthe et Marie, il rappela son ami Lazare à la vie. "Les femmes obtinrent la résurrection de leurs morts" : cette phrase s'applique même à la fille du chef de la synagogue, ressuscitée par Notre-Seigneur à la demande du père, puisque cette jeune fille recouvra ainsi son propre corps, comme d'autres avaient recouvré celui de leurs proches. Il n'y eut pas besoin de beaucoup de prières pour provoquer ces miracles. Celles de votre pieuse communauté obtiendront facilement que me soit conservée la vie ! Le vœu d'abstinence et de chasteté, par lequel des femmes se consacrent à Dieu, le leur rend plus attentif et plus propice. Peut-être la plupart de ceux que le Seigneur ressuscita n'avaient-ils pas même la foi : l'Evangile ne nous présente pas comme l'une de ses fidèles la veuve dont, sans qu'elle le lui demandât, il ressuscita le fils. Nous, au contraire, sommes non seulement unis par l'intégrité de la foi, mais associés par la profession religieuse.

Mais laissons votre sainte communauté, où la piété de tant de vierges et de veuves s'offre en sacrifice au Seigneur. J'en viens à toi, dont je ne doute pas que la sainteté ne soit très puissante auprès de Dieu, et qui me dois une aide toute particulière dans l'épreuve d'une si grande adversité. Souviens-toi toujours dans tes prières de celui qui t'appartient en propre. Poursuis-les avec d'autant plus de confiance que, tu le reconnais, elles sont plus légitimes et par là plus agréables à celui qui les reçoit. Ecoute encore une fois, je t'en prie, avec l'oreille du cœur ce que souvent tu as entendu avec celle du corps. Il est écrit dans les Proverbes : "La femme diligente est une couronne pour son mari." Et ailleurs : "Celui qui a trouvé une femme vertueuse a trouvé le bien véritable et reçu du Seigneur une source où puiser la joie." Ailleurs encore : "On tient de ses parents sa maison, sa fortune, mais de Dieu seul une femme sage." Dans l'Ecclésiaste : "Heureux le mari d'une femme de bien." Quelques lignes plus loin : "Une femme vertueuse est un bon partage." Enfin, l'autorité de l'apôtre nous atteste que "l'époux infidèle est sanctifié par l'épouse fidèle". La grâce divine l'a prouvé de façon particulière dans l'histoire du royaume de France, le jour où le roi Clovis, converti à la foi du Christ par les prières de son épouse plus que par la prédication des saints, soumit le royaume entier aux lois divines. L'exemple des grands engage ainsi les petits à persévérer dans la prière. La parabole du Seigneur, de son côté, nous y invite avec véhémence : "S'il continue à frapper, je vous assure que son ami finira par se lever et lui donnera, pour se débarrasser de lui, sinon par amitié, tout ce dont il a besoin." C'est par cette sorte d'importunité dans la prière que Moïse, comme je l'ai dit plus haut, réussit à fléchir la rigueur du justicier divin et à modifier sa sentence.

Tu sais, ma très chère, de quel zèle charitable votre communauté témoignait jadis quand elle priait en ma présence. On y avait en effet l'habitude de terminer chaque jour la récitation des heures canoniales par une supplication spéciale en ma faveur : on chantait un répons et un verset, que suivaient une prière et une collecte. Le texte en était celui-ci :

Répons : Ne m'abandonne pas, Seigneur, ne t'éloigne pas de moi.

Verset : Sois toujours attentif à me secourir, Seigneur.

Prière : Sauve, mon Dieu, ton serviteur qui espère en toi. Seigneur, exauce ma prière et que mon cri s'élève jusqu'à toi.

Collecte : Dieu, qui as daigné, par la main de ton humble serviteur, rassembler en ton nom tes petites servantes, nous te prions de lui accorder, ainsi qu'à nous-mêmes, de persévérer dans ta volonté. Par Notre-Seigneur, etc.

Maintenant que me voici loin de vous, le secours de vos prières m'est d'autant plus nécessaire que la menace du danger m'angoisse davantage. Je vous demande donc avec instance, je vous supplie, de prouver à un absent la sincérité de votre amour, en ajoutant à chaque heure de l'office :

Répons : Ne m'abandonne pas, Seigneur, père et maître de ma vie, de peur que je ne tombe devant mes adversaires et que mon ennemi ne se réjouisse à mon sujet.

Verset : Saisis tes armes et ton bouclier et lève-toi pour ma défense, de peur qu'il ne se réjouisse.

Prière : Sauve, mon Dieu, ton serviteur qui espère en toi. Du sanctuaire, envoie-lui, Seigneur, ton secours ;

de Sion, protège-le. Sois pour lui, Seigneur, une forteresse face à son ennemi. Seigneur, exauce ma prière, et que mon cri s'élève jusqu'à toi.

Collecte : Dieu, qui as daigné, par la main de ton humble serviteur, rassembler en ton nom tes petites servantes, nous te prions de le protéger contre toute adversité et de le rendre sain et sauf à tes servantes. Par Notre-Seigneur, etc.

Si Dieu me livre aux mains de mes ennemis et que ceux-ci, l'emportant, me mettent à mort ; ou si, pendant que je suis retenu loin de vous, un accident quelconque me conduit à la mort où toute chair s'achemine, je vous supplie, quel que soit le lieu où mon cadavre ait été enseveli ou exposé, de le faire transférer dans votre cimetière. Ainsi la vue perpétuelle de mon tombeau engagera mes filles, ou plutôt mes sœurs dans le Christ, à répandre pour moi des prières devant Dieu. Aucun autre asile, j'en suis certain, ne serait plus sûr ni plus salutaire, pour une âme douloureuse et affligée de ses péchés, que celui-ci, consacré au véritable Paraclet, c'est-à-dire au Consolateur que son nom désigne ainsi de façon toute spéciale. Au reste, on ne saurait mieux placer une sépulture chrétienne que, de préférence à toute autre communauté de fidèles, parmi des femmes consacrées au Christ. Ce sont des femmes en effet qui prirent soin du tombeau de Notre-Seigneur Jésus-Christ, y apportèrent des aromates, avant et après l'ensevelissement, et s'y lamentèrent, ainsi qu'il est écrit : "Les femmes, assises auprès du tombeau, se lamentaient et pleuraient le Seigneur." Elles furent, à cet endroit, consolées les premières par l'apparition et les paroles de l'ange qui leur annonçait la résurrection. Elles méritèrent ensuite de goûter la joie de cette résurrection même, car le Christ leur apparut deux fois, et elles le touchèrent de leurs mains.

Enfin, plus que tout, je vous demande de reporter sur mon âme le souci trop grand que vous donnent actuellement les périls de mon corps. Prouvez au mort combien vous avez aimé le vivant, en lui apportant le secours tout spécial de vos prières.

Vivez, portez-vous bien, toi et tes sœurs.

Vivez, mais, je t'en prie, souvenez-vous de moi dans le Christ.

D'HÉLOÏSE A ABÉLARD

Couvent du Paraclet

*A son unique après le Christ, son unique
dans le Christ.*

Je m'étonne, ô mon unique, de voir, dans la suscription de ta lettre, mon nom, contrairement à
l'usage et à l'ordre naturel, précéder le tien : la
femme précéder l'homme ; l'épouse, l'époux ; la
servante, son maître ; la moniale, le moine et le
prêtre ; la diaconesse, l'abbé. La justice et les con-
venances exigent qu'en écrivant à des supérieurs
ou à des égaux on place leur nom le premier ;
mais en s'adressant à des inférieurs, on doit respecter l'ordre des dignités.

Je n'ai pas été moins émue par le contenu de cette
lettre : elle aurait dû nous apporter des consolations ;
elle a simplement accru notre douleur. Tu as excité
les larmes de celles mêmes que tu devais apaiser.
Laquelle parmi nous pourrait en effet lire d'un œil
sec, vers la fin de ta lettre : "Si Dieu me livre aux
mains de mes ennemis et que ceux-ci, l'emportant,

m'assassinent", etc ? Mon bien-aimé, quelle idée nourris-tu donc ? quel langage a pu te monter ainsi aux lèvres ? Puisse Dieu ne jamais oublier à ce point ses petites servantes qu'il les laisse te survivre ! Puisse-t-il ne jamais nous accorder ainsi un surplus de vie pire que tous les genres de mort ! C'est à toi qu'il revient de célébrer nos funérailles, de recommander nos âmes à Dieu et de lui envoyer, au-devant de toi, le troupeau que tu as rassemblé pour lui. Ainsi, toute inquiétude à notre sujet t'abandonnerait, et tu nous suivrais avec une joie d'autant plus parfaite que tu serais plus sûr de notre salut.

Epargne-nous, ô toi mon seigneur, épargne-nous, je t'en conjure, de semblables paroles qui ne font qu'augmenter notre malheur ! Ne nous enlève pas, avant la mort, ce qui fait notre vie. A chaque jour suffit sa peine, et ce jour-là, enveloppé d'amertume, apportera assez de douleur à tous ceux qu'il trouvera de ce monde ! Pourquoi, écrit Sénèque, faudrait-il aller au-devant du malheur et perdre la vie avant de mourir ?

Tu me demandes, mon bien-aimé, si quelque accident durant notre séparation t'enlève la vie, de faire transférer ton corps dans notre cimetière afin, ton souvenir ne nous quittant plus, de t'assurer parmi nous une moisson plus abondante de prières. Mais comment peux-tu supposer que ton souvenir s'efface jamais en nous ? Quelle liberté aurons-nous de prier, quand notre âme bouleversée aura perdu tout repos, notre esprit perdu la raison, et notre langue l'usage de la parole ; que nos cœurs affolés, trouvant à la pensée de Dieu un motif de colère plus que d'adoucissement, seront mieux disposés à irriter le Créateur par leurs plaintes qu'à l'apaiser par des prières ? Incapables de prier, nous ne saurons que pleurer alors ; plus pressées de te suivre que de t'ensevelir. Nous ne serons bonnes qu'à partager ta sépulture, plutôt que d'y pourvoir. En toi nous perdrons notre raison d'être : comment pourrons-nous vivre sans toi ?

Puissions-nous mourir auparavant ! La pensée seule de ta mort est déjà pour nous une sorte de mort. Qu'en sera donc la réalité brutale, si elle nous trouve encore vivantes ? Dieu, je l'espère, ne permettra pas que nous te survivions pour te rendre ce devoir, pour te prêter cette assistance que nous attendons plutôt de toi. C'est à nous de te précéder, non de te suivre : fasse le Ciel qu'il en advienne ainsi ! Epargne-nous donc, je t'en supplie ; épargne du moins ta bien-aimée, et retiens des paroles qui transpercent notre âme d'un glaive de mort : cette agonie est pire que le trépas.

Le cœur trop accablé de chagrin ne connaît plus de repos ; l'esprit ravagé par de tels bouleversements ne saurait avec sincérité accomplir le service de Dieu. Je te le demande, cesse d'empêcher ainsi la célébration de ce service, auquel tu nous as obligées par-dessus tout. Souhaitons plutôt que les coups inévitables et les plus cruels du sort surviennent avec soudaineté, et nous évitent l'angoisse d'une appréhension dont aucune prévoyance humaine ne peut détourner l'objet. Telle est la pensée du poète lorsqu'il adresse à Dieu ces vers :

Que tes coups soient soudains, et aveugle
L'esprit de l'homme au destin futur. Laisse, à la
crainte, l'espoir.

Mais que me reste-t-il à espérer, maintenant que je t'ai perdu ? A quoi bon poursuivre ce voyage terrestre où tu étais mon unique soutien ; où ma dernière joie, depuis que toutes les autres m'ont été interdites, était de te savoir vivant, et puisque ta présence m'est ravie, qui seule eût pu me rendre à moi-même ?

Que ne m'est-il permis de m'écrier : Dieu n'a pas cessé de m'être cruel ! O clémence inclémente ! O fortune infortunée ! La destinée a épuisé contre moi ses traits meurtriers, au point qu'il ne lui en reste plus pour frapper ailleurs. Elle a vidé sur moi son carquois, et nul autre n'a plus à craindre ses assauts. Lui fût-il demeuré une seule flèche qu'elle eût plutôt cherché sur moi où faire une nouvelle blessure. La seule chose qu'elle redoute, tout en m'infligeant ses coups, est que ma mort ne mette fin à ce supplice. Sans cesser de frapper, elle craint d'amener un dénouement qu'elle hâte. O malheureuse entre les malheureuses ! Infortunée entre les infortunées, tu m'élevas parmi les femmes à un rang sublime d'où je me vois précipitée par une fatalité d'autant plus douloureuse pour nous deux !

Plus haut l'on s'élève, plus lourde est la chute. Quelle noble dame, quelle princesse a jamais dépassé, jamais égalé mon bonheur, puis mon abaissement et mes souffrances ? Quelle gloire le sort m'a donnée en toi ! Quel coup il m'a porté en toi ! Quel excès n'a-t-il pas montré à mon égard, en tous ces événements ! Les biens et les maux, il m'a tout fourni sans mesure. Pour faire de moi le plus misérable des êtres, il m'a hissée d'abord à des joies inouïes. Ainsi, pesant tout ce que j'ai perdu, je me consume en plaintes d'autant plus lamentables que plus immense est cette perte ; mieux j'avais aimé mon bonheur, et mieux je cède à l'amertume du regret ; mes voluptés s'achèvent dans un accablement de tristesse.

Pour que cette injustice provoquât une indignation plus grande, tous les droits de l'équité ont été bouleversés contre nous. Tant que nous goûtions les délices d'un amour inquiet, et que (pour me servir d'un mot brutal mais expressif) nous nous livrions à la débauche, la sévérité divine nous épargna. Mais, du jour où nous avons légitimé ces plaisirs illégitimes et couvert de la dignité conjugale la honte de nos fornications, la colère du Seigneur s'est lourdement abattue sur nous. Notre lit de souillure ne l'avait pas émue : elle se déchaîna quand nous l'eûmes purifié.

Envers un homme surpris en adultère, la peine que tu subis n'eût pas été un supplice injuste. Mais ce que d'autres méritent par l'adultère, c'est le mariage qui te le valut : le mariage, qui te semblait suffisamment réparer tes torts ! Ce qu'une femme adultère attire à son complice, ta propre épouse te l'attira. Ce n'est pas même à l'époque de nos plaisirs que survint ce malheur, mais au temps de notre séparation : tu te trouvais à Paris, à la tête de ton école, et moi à Argenteuil dans le couvent où tu m'avais fait entrer ; nous nous étions éloignés l'un de l'autre afin de nous livrer, toi avec plus d'ardeur aux études, moi avec plus de liberté à la prière et à la méditation de l'Ecriture, et nous menions de part et d'autre une existence aussi chaste que sainte. Et c'est alors que tu expias, seul, dans ton corps, notre faute commune ! Tu fus seul dans le châtiment : nous avions été deux dans la faute ; tu étais le moins coupable, et c'est toi qui as tout expié. En t'humiliant pour moi, en effet, en m'élevant, avec toute ma famille, n'avais-tu pas assez réparé ta faute pour que Dieu et ces traîtres mêmes, ne t'imposassent tout au plus qu'une peine légère ?

Malheureuse, qui naquis pour être la cause d'un tel crime ! Les femmes ne pourront donc jamais conduire les grands hommes qu'à la ruine ! C'est pourquoi sans doute le livre des *Proverbes* met en garde contre elles : "Maintenant donc, mon fils, écoute, et prête attention à mes paroles. Que ton cœur ne se détourne pas sur les voies de la femme. Ne t'égare pas dans ses sentiers, car elle en a blessé et abattu un grand nombre : les plus courageux ont été tués par elle. Sa maison est l'entrée des enfers, et conduit au cœur de la mort." Et dans l'*Ecclésiaste* : "J'ai tout considéré en esprit, et j'ai trouvé la femme plus amère que la mort. Elle est le filet des chasseurs, et son cœur est un piège. Ses mains sont des chaînes. L'ami de Dieu lui échappera, mais elle fera du pécheur sa proie." Déjà la première femme, dans le jardin d'Eden, séduisit le premier homme : créée par le Seigneur pour lui porter assistance, elle fut sa perte. Samson, fort entre les forts, homme de Dieu dont un ange avait annoncé la naissance, fut vaincu par la seule Dalila, qui le trahit, le livra, le priva de la vue, et le réduisit à une telle détresse qu'il préféra s'écraser lui-même avec ses ennemis, sous les ruines du temple. Salomon, le Sage des sages, égaré par la femme à laquelle il s'était uni, sombra dans une telle démence qu'il se laissa, dans sa vieillesse, entraîner à l'idolâtrie, lui que le Seigneur avait choisi, de préférence au juste David, son père, pour construire le Temple ! Il délaissa le culte divin, dont il avait, dans ses écrits et par sa parole, prêché la nécessité. Le saint homme Job subit, de la part de sa femme, le dernier et le plus grave outrage, lorsqu'elle l'engagea à maudire Dieu. Le rusé Tentateur, instruit par tant d'expériences, savait bien que l'épouse d'un homme est l'instrument le plus docile de sa ruine. C'est lui qui, étendant à nous sa malice coutumière, perdit par le mariage celui qu'il n'avait pu perdre par la fornication. Il utilisa le bien en vue d'un mal, n'ayant pu se servir du mal lui-même à cette fin.

Je puis du moins rendre grâces à Dieu : lors même en effet que mon amour fut l'occasion de son œuvre perverse, Satan n'a pu me faire consentir à la trahison, comme le firent toutes ces femmes.

Pourtant, quoique ma droiture d'intention me justifie et que mon cœur reste pur de ce crime, les
nombreux péchés que je commis avant notre malheur m'interdisent de m'en croire complètement
innocente. Longtemps asservie aux voluptés charnelles, j'ai mérité ce que je subis aujourd'hui ; ma
souffrance est la juste conséquence de mes fautes
passées. Rien ne finit mal, qui n'ait été mauvais
dès le début.

Puissé-je de mon péché faire une digne pénitence, et subir une expiation assez longue pour
compenser, s'il est possible, le châtiment cruel qu'on
t'infligea ! Puissé-je souffrir, en toute justice, ma
vie durant, par la contrition de l'esprit, ce que tu
souffris un instant dans ta chair : afin de satisfaire
à toi, du moins, sinon à Dieu !

Dois-je en effet t'avouer toute la faiblesse de
mon misérable cœur ? Je ne parviens pas à susciter
en moi un repentir capable d'apaiser Dieu. Je ne
cesse au contraire d'accuser sa cruauté à ton égard.
Je l'offense par des mouvements de révolte contre
Sa volonté, au lieu d'en appeler, par la pénitence,
à Sa miséricorde. Peut-on dire que l'on fait pénitence, quelle que soit la mortification que l'on
impose au corps, quand l'âme conserve le goût du
péché et brûle de ses anciens désirs ? Certes, il
est aisé de s'accuser en confession de ses fautes, et
même de s'infliger des macérations extérieures.
Mais combien difficile, d'arracher de son cœur
l'amour des plus douces voluptés ! Le saint homme
Job dit avec raison : "Je lancerai mon discours

contre moi-même." Il entend par là : Je délierai ma langue et j'ouvrirai la bouche pour confesser mes fautes. Il ajoute aussitôt : "Je parlerai dans l'amertume de mon âme." Saint Grégoire commente ainsi ce passage : "Il y a des gens qui avouent leurs péchés à haute voix mais qui, ne sachant pas accompagner d'une contrition sincère cette confession, disent en riant ce qu'ils devraient dire avec des sanglots… Celui donc qui avoue ses fautes en les détestant vraiment doit parler dans l'amertume de son âme, afin que cette amertume elle-même soit la punition des fautes proclamées par la langue sous le jugement de l'esprit."

Cette véritable amertume du repentir est bien rare, remarque saint Ambroise : J'ai rencontré, dit-il, plus d'âmes ayant conservé leur innocence que de vrais pénitents. Les plaisirs amoureux qu'ensemble nous avons goûtés ont pour moi tant de douceur que je ne parviens pas à les détester, ni même à les chasser de mon souvenir. Où que je me tourne, ils se présentent à mes yeux et éveillent mes désirs. Leur illusion n'épargne pas mon sommeil. Au cours même des solennités de la messe, où la prière devrait être plus pure encore, des images obscènes assaillent ma pauvre âme et l'occupent bien plus que l'office. Loin de gémir des fautes que j'ai commises, je pense en soupirant à celles que je ne peux plus commettre.

Nos gestes ne sont pas seuls restés gravés profondément, avec ton image, dans mon souvenir ; mais les lieux, les heures qui en furent témoins, au point que je m'y retrouve avec toi, répétant ces gestes, et ne trouve pas même de repos dans mon lit. Parfois, les mouvements de mon corps trahissent les pensées de mon âme, des mots révélateurs m'échappent…

O malheureuse, bien digne qu'on lui applique cette plainte d'un cœur blessé : "Infortuné, qui me délivrera de ce corps de mort ?" Que ne puis-je véridiquement ajouter ce qui suit : "Grâce en soit à Dieu, par Notre-Seigneur Jésus-Christ !" Cette grâce, mon bien-aimé, est venue à toi d'elle-même. Une seule blessure dans ton corps a suffi pour guérir toutes les plaies de ton âme. C'est à l'instant où Dieu te semblait montrer envers toi le plus de rigueur qu'il t'était le plus propice, à la manière du bon médecin qui n'hésite pas à infliger une souffrance si la guérison en dépend. Je brûle au contraire de toutes les flammes qu'attisent en moi les ardeurs de la chair, celles d'une jeunesse encore trop sensible au plaisir, et l'expérience des plus délicieuses voluptés. Leurs morsures me sont d'autant plus cruelles que plus faible est la nature qui leur est livrée.

On vante ma chasteté, parce qu'on ignore à quel point je suis fausse. On exalte comme une vertu la continence de mon corps, alors que la vraie continence relève moins de la chair que de l'esprit. Les hommes répètent mes louanges, mais je n'ai aucun mérite, aux yeux du Dieu qui sonde les reins et les cœurs et à qui rien ne demeure caché. On me juge pieuse, certes ; mais, de nos jours, la religion n'est plus, pour une grande part, qu'hypocrisie, et l'on fait une réputation de sainteté à qui ne heurte point les préjugés du monde.

Peut-être est-il louable, en effet, et d'une certaine manière agréable à Dieu, quelle que soit la vérité du cœur, de ne pas scandaliser l'Eglise par l'exemple d'une conduite mauvaise : on enlève ainsi aux infidèles un prétexte à blasphémer le nom du Seigneur, aux libertins une raison de diffamer la vie monastique dont on fait profession. Cela même est un don, sans doute, de la grâce divine, dont l'influence non seulement nous fait agir selon le bien, mais aussi nous abstenir du mal. Mais encore ? A quoi bon s'abstenir du mal si l'on ne fait pas réellement le bien ? "Eloigne-toi du mal, dit l'Ecriture, et fais le bien." En vain même suivrait-on à la lettre ce conseil, si l'on ne le fait par amour pour Dieu !

Dans tous les états où la vie m'a conduite, Dieu le sait, c'est toi, plus que lui, que j'ai craint d'offenser ; c'est à toi plus qu'à lui que j'ai cherché à plaire. C'est sur ton ordre que j'ai pris l'habit, non par vocation divine. Vois donc quelle vie infortunée je mène, misérable entre toutes, traînant un sacrifice sans valeur et sans espoir de récompense future ! Ma dissimulation t'a longtemps trompé, comme tout le monde, et tu nommais piété mon hypocrisie. Tu te recommandes particulièrement à mes prières : tu réclames de ma part ce que j'attends de toi. Cesse, je t'en conjure, de tant présumer de ma nature ; mais ne cesse pas de m'aider par ta prière. Ne pense pas que je sois guérie : ne me prive pas du bienfait de tes soins. Ne crois pas que je sois sortie de l'indigence, tes secours me sont trop nécessaires. Ne préjuge pas de ma force, de peur que je ne m'effondre avant d'obtenir de toi un soutien.

La flatterie a perdu bien des êtres, en les privant d'un indispensable appui. Le Seigneur nous crie par la bouche d'Isaïe : "O mon peuple, ceux qui te couvrent de louanges te trompent et détournent ta voie sous tes pas." Et par celle d'Ezéchiel : "Malheur à vous qui mettez des coussins sous les coudes du monde et des oreillers sous sa tête, pour abuser les âmes !" Par celle de Salomon enfin : "Les paroles des sages sont comme des aiguillons, comme des clous enfoncés profondément et qui, en perçant la chair, la déchirent."

Cesse donc, je t'en supplie, tes éloges, de peur d'encourir le reproche infamant de flatterie et de mensonge. Si même tu crois trouver en moi un bien véritable, crains de le voir s'évanouir au souffle vain de la louange. Tout médecin assez habile juge d'un mal interne à ses symptômes extérieurs. Ce que les réprouvés et les élus possèdent en commun est sans valeur aux yeux de Dieu : ainsi la fidélité aux pratiques extérieures, qui chez les saints est souvent moins grande que chez les hypocrites. "Le cœur de l'homme est pervers, et insondable : qui le connaîtra ?" Il y a des voies pour l'homme qui semblent droites, mais aboutissent pourtant à la mort. Le jugement de l'homme est téméraire, dans les choses réservées à l'examen de Dieu. C'est pourquoi il est encore écrit : "Ne loue pas un homme pendant sa vie." En d'autres termes : Ne loue jamais un être humain, de peur qu'à l'instant même où tu le loues il ne soit indigne d'éloge.

Venant de toi, la louange m'est d'autant plus périlleuse que plus douce. Je la saisis et m'en délecte, avec une ardeur égale à mon désir de te plaire en tout. Nourris, je t'en conjure, à mon sujet, plus de crainte que de confiance : ainsi ta sollicitude sera toujours prête à me secourir. Plus que jamais tu dois craindre, maintenant que mon incontinence ne trouve plus de remède en toi !

Je ne veux pas que, pour m'exhorter à la vertu et m'exciter au combat, tu déclares : "La vertu a son couronnement dans le malheur", ou : "Celui qui n'aura pas combattu jusqu'au bout n'obtiendra pas sa récompense." Je n'ambitionne pas la couronne du vainqueur, il me suffit d'éviter le péril. Il est plus sûr de fuir le danger que de provoquer la bataille. Dans quelque recoin du ciel que Dieu plus tard me donne une place, il aura assez fait pour moi. Là-haut, personne n'enviera personne ; à chacun suffira sa propre part. Faut-il donner plus d'autorité à ma pensée ? Ecoutons saint Jérôme : "J'avoue ma faiblesse, dit-il ; je refuse de combattre pour le seul espoir de vaincre et dans la crainte d'être vaincu." A quoi bon abandonner une règle sûre de conduite et poursuivre un but incertain ?

D'ABÉLARD A HÉLOÏSE

Abbaye de Saint-Gildas

A l'épouse du Christ, le serviteur du Christ.

L'exposé qu'avec émotion tu me fais, dans ta dernière lettre, de tes griefs contre moi se résume, me semble-t-il, en quatre points. Tu te plains que, contrairement à l'usage épistolaire et même à l'ordre naturel, j'aie placé ton nom avant le mien dans ma formule de salutation. Puis de ce que loin de vous apporter, comme je le devais, le secours de mes consolations, j'aie accru votre anxiété en écrivant : "Si Dieu me livre aux mains de mes ennemis, et que ceux-ci, l'emportant, m'assassinent", etc., et ainsi excité les larmes qu'il m'aurait fallu plutôt essuyer. Tu reprends ensuite tes perpétuels murmures contre Dieu, condamnant la manière dont s'est faite notre conversion à la vie religieuse, et déplorant la trahison cruelle dont je fus victime. Enfin, tu opposes, aux éloges que je t'adressais, une accusation en règle contre toi-même, et me supplies avec véhémence de ne pas trop présumer de toi.

Je tiens à répondre à chacun de ces points, moins pour me défendre personnellement que pour t'apporter le secours de ma doctrine. Mes demandes, que tu repoussais, te paraîtront aisément acceptables quand tu en auras compris la sagesse. Tu recevras plus volontiers mes avis quand tu sauras combien je mérite peu tes reproches ; et tu craindras de rejeter mes conseils, dans la mesure même où tu me jugeras moins blâmable.

J'ai renversé, dis-tu, l'ordre habituel des mots dans la formule de salutation. Remarque, s'il te plaît, qu'en ceci je me suis simplement conformé à ta pensée. En règle générale en effet, tu me l'indiques toi-même, lorsqu'on écrit à des supérieurs, on doit placer leur nom en premier. Or, sache-le bien, tu es devenue ma supérieure, le jour où, prenant pour époux mon Maître, tu acquis sur moi droit de maîtrise, selon ces paroles de saint Jérôme, écrivant à Eustochie : "Je dis : Eustochie, ma Dame ; car je dois ce nom à l'épouse de mon Seigneur."

Heureux changement de ton état conjugal : épouse naguère d'un être misérable, tu as été élevée jusqu'à la couche du Roi des rois, et ce privilège honorable t'a placée au-dessus, non seulement de ton époux humain, mais de tous les autres serviteurs de ce Roi. Ne t'étonne donc pas, si je me recommande tout particulièrement, vivant ou mort, à tes prières : tout le monde sait que l'intercession d'une épouse auprès de son Epoux a plus de poids que celle même de tout le reste de la famille ; la Dame a plus de crédit que la serve. Une expression typique de cette prérogative nous est donnée à propos de la reine, épouse du souverain Roi, dans le psaume : "La reine est assise à ta droite." C'est-à-dire, plus explicitement : unie à son époux par le lien le plus étroit, elle se tient à son côté et marche à sa hauteur, tandis que tous les autres restent à distance et suivent de loin. L'épouse du Cantique, cette Ethiopienne à laquelle Moïse, si je puis ainsi interpréter les textes, s'était uni, s'écrie, exultant à la pensée de son glorieux privilège : "Je suis noire, mais belle, ô filles de Jérusalem. C'est pourquoi le roi m'a aimée et introduite dans sa chambre." Et ailleurs : "Ne considérez pas que je suis brune car le soleil a changé la couleur de mon teint." Généralement, il est vrai, on applique ces paroles à l'âme contemplative, désignée de façon spéciale comme l'épouse du Christ. Pourtant, comme en témoigne ton habit monacal, elles se rapportent encore plus adéquatement à toi. En effet, ces étoffes noires et d'un tissu grossier, semblables à celles que portent, dans leur deuil, les saintes veuves pleurant un mort aimé, montrent que toi et tes sœurs êtes vraiment dans le monde, selon le mot de l'Apôtre, ces veuves inconsolées que l'Eglise doit entretenir de ses deniers. L'Ecriture dépeint la douleur de ces épouses gémissant sur le meurtre de leur époux : "Les femmes assises auprès du sépulcre se lamentaient en pleurant le Seigneur."

L'Ethiopienne a la peau noire et paraît, extérieurement, moins belle que les autres femmes. Mais, intérieurement, loin de leur être inférieure, elle les dépasse en blancheur et en éclat : ainsi par les os, par les dents. La blancheur de ses dents est vantée par l'époux lui-même, lorsqu'il déclare : "Ses dents sont plus blanches que le lait." Noire au-dehors, belle au-dedans : les vicissitudes et les tribulations de la vie ont affligé son corps et noirci l'extérieur de sa chair, selon la parole de l'Apôtre : "Tous ceux qui veulent vivre pieusement dans le Christ auront à souffrir de l'adversité." De même que la couleur blanche est un symbole de prospérité, de même on peut dire que le noir représente le malheur. Au-dedans, l'épouse est blanche par ses os, car son âme est riche de vertus. Il est écrit : "Toute la gloire de la fille du Roi vient du dedans." Les os, à l'intérieur de l'homme, recouverts par la chair, dont ils font la solidité et la force, dont ils sont le guide et l'appui, représentent l'âme qui vivifie, soutient, meut et régit le corps où elle réside, en lui communiquant sa fermeté. Sa blancheur et sa beauté, ce sont les vertus dont elle s'orne. Elle est noire à l'extérieur, car, tandis qu'elle voyage, exilée, sur la terre, elle demeure dans l'abjection. Mais dès qu'elle est transportée dans cette autre vie cachée en Dieu avec le Christ, elle prend possession de sa vraie patrie.

Le soleil de vérité change la couleur de son teint, car l'amour de son époux céleste l'humilie et l'accable d'épreuves, de peur que la prospérité ne l'enorgueillisse. Il change la couleur de son teint, c'est-à-dire qu'il la rend différente des autres femmes, qui aspirent aux biens de ce monde et recherchent sa gloire. Il fait d'elle, par le moyen de l'humilité, un véritable lis des vallées : non pas un lis des montagnes, comme les vierges folles qui, infatuées de leur pureté corporelle et de leurs pratiques d'abstinence, se dessèchent au feu des tentations. C'est donc à bon droit que, s'adressant aux filles de Jérusalem, c'est-à-dire aux fidèles imparfaits qui méritent le nom de "filles" plutôt que celui de "fils", elle leur dit : "Ne considérez pas que je suis brune, car le soleil a changé la couleur de mon teint." En termes plus clairs : ni mon humilité ni ma force dans l'adversité ne viennent de ma vertu propre, mais de la grâce de celui que je sers.

Les hérétiques, au contraire, et les hypocrites affectent à la face du monde une vaine mortification et une humilité dont ils comptent tirer des avantages terrestres. Un abaissement volontaire aussi vil, une force d'âme aussi pervertie restent pour moi un inépuisable sujet d'étonnement. Ces gens-là ne sont-ils pas les plus misérables des êtres, se frustrant eux-mêmes des biens de cette vie, et sans espoir de récompense éternelle ? A cette pensée, l'épouse s'écrie : "Ne vous étonnez pas que j'agisse ainsi !" Notre seul motif valable d'étonnement, c'est la vanité de ces hommes qui, peinant en vue d'une gloire terrestre, se privent des douceurs terrestres, et perdent à la fois le temps et l'éternité. Telle est la continence des vierges folles, repoussées du seuil de l'époux. Mais celle qui est à la fois noire et belle déclare à juste titre que le roi l'aime et l'a introduite dans sa chambre, c'est-à-dire dans le secret et le repos de la contemplation, dans ce lit dont elle dit ailleurs : "Durant les nuits, j'ai cherché sur mon lit celui que chérit mon âme."

La laideur de son teint noir préfère en effet l'ombre à la lumière, la solitude à la foule. Une telle épouse aspire auprès de son époux à des plaisirs plutôt secrets que publics, elle aime mieux le contact obscur du lit que le spectacle de la table. Souvent même, il arrive que la peau des femmes noires, moins douce au regard, le soit plus au toucher, et que les joies cachées de leur amour soient plus émouvantes que celles qu'elles procurent en public. Aussi leurs maris, pour jouir pleinement d'elles, préfèrent-ils les introduire dans leur chambre, plutôt que de les produire dans le monde. C'est en vertu de cette métaphore que l'épouse spirituelle, après avoir déclaré : "Je suis noire, mais belle", ajoute aussitôt : "C'est pourquoi le roi m'a aimée et introduite dans sa chambre."

Elle établit ainsi le rapport des causes et des effets : parce qu'elle est belle, le roi l'a aimée ; parce qu'elle est noire, il l'a introduite dans sa chambre. Belle, je l'ai dit, par ses vertus intérieures, auxquelles l'époux est sensible ; noire, par suite de l'adversité qui l'a marquée à l'extérieur. Cette noirceur, effet des tribulations corporelles, arrache facilement l'esprit des chrétiens à l'amour des biens terrestres, et détourne leurs désirs vers la vie éternelle. Souvent même, elle les amène à quitter un siècle tumultueux pour les solitudes de la contemplation. C'est ainsi que, selon saint Jérôme, l'apôtre saint Paul embrassa le premier la vie monacale, la nôtre. La grossièreté de nos vêtements nous convie à une existence retirée plutôt que mondaine ; elle est ainsi la plus sûre gardienne de la pauvreté et du silence qui conviennent à notre profession. Rien ne pousse davantage à une vie publique que l'élégance vestimentaire. Aussi bien, l'on ne recherche celle-ci qu'en vue d'une vaine gloire et des pompes du siècle. "Personne ne fait toilette pour rester caché, dit saint Grégoire ; mais bien pour être vu."

Quant à la chambre dont parle l'épouse, c'est celle même où dans l'Evangile l'Epoux nous invite à venir prier, lorsqu'il nous dit : "Mais toi, quand tu prieras, entre dans la chambre et, porte close, adresse ta prière à ton Père." Il semble sous-entendre : "Ne le fais pas sur les places et dans les lieux publics, comme les hypocrites." Par chambre, il veut donc désigner un endroit retiré, loin des bruits et des spectacles du monde, où soit possible une oraison plus tranquille et plus pure : telles sont les solitudes monacales, dont on nous ordonne de "tenir les portes fermées", c'est-à-dire de clore tous les accès de peur que la pureté de la prière n'y soit troublée et que notre œil n'attire quelque dommage à notre malheureuse âme. C'est pour moi une incessante douleur de voir, sous notre habit, tant de contempteurs de ce conseil, que dis-je ? de ce précepte divin ! Lorsqu'ils célèbrent l'office, ils ouvrent les portes du cloître et les grilles du chœur, et s'offrent impudemment en spectacle à un public des deux sexes, surtout si quelque solennité liturgique les revêt d'ornements précieux. Ils rivalisent alors de luxe profane avec ceux aux yeux desquels ils s'exhibent. A leur avis, la beauté d'une fête religieuse dépend de la richesse des pompes extérieures et de l'abondance des offrandes dont elle est le prétexte. Leur malheureux aveuglement est la négation même de l'idéal de pauvreté prêché par le Christ. Mieux vaut n'en plus rien dire : il y aurait scandale à en parler. Ce sont des Juifs de cœur : l'habitude leur tient lieu de règle ; les traditions auxquelles ils s'attachent font de la loi de Dieu lettre morte. Ils obéissent moins à leur devoir qu'à la coutume, oublieux de ce texte où saint Augustin nous rappelle que le Seigneur a dit : "Je suis la vérité", et non pas : "Je suis la coutume."

Que d'autres se recommandent, s'il leur plaît, à ces prières faites toutes portes ouvertes ! Pour vous qui, introduites dans la chambre du Roi céleste et reposant dans ses bras, vous donnez à lui tout entières, derrière des portes toujours closes, vos prières me sont un appui d'autant plus sûr, plus vrai et plus efficace que vous vous unissez plus intimement à votre Epoux. "Celui qui est uni au Seigneur ne fait avec lui qu'un seul esprit", dit l'apôtre : c'est pourquoi je réclame avec tant d'insistance votre aide spirituelle. Je sais en effet que vous prierez pour moi avec une ferveur égale à la parfaite charité qui nous lie.

Je vous ai bouleversées en vous parlant des dangers que je cours et de la mort que j'appréhende : mais c'est à votre demande instante que je l'ai fait. Tu me disais, dans la première lettre que tu m'as adressée : "Aussi te conjurons-nous par le Christ qui, en vue de sa propre gloire, te protège encore d'une certaine manière, nous, ses petites servantes et les tiennes, de daigner nous écrire fréquemment pour nous tenir au courant des orages où tu es aujourd'hui ballotté. Nous sommes les seules qui te restent ; nous du moins participerons ainsi à tes souffrances et à tes joies. Les sympathies, d'ordinaire, procurent à celui qui souffre une certaine consolation ; un fardeau qui pèse sur plusieurs est plus léger à soutenir, plus facile à porter." Pourquoi donc me reprocher de vous faire partager mon angoisse, puisque c'est toi-même qui m'as requis de le faire ? Conviendrait-il que vous fussiez dans la paix tandis que je traîne une existence désespérée ? Ou bien voulez-vous ne vous associer qu'à mes joies, et non à mes souffrances, rire avec ceux qui rient, mais non pleurer avec ceux qui pleurent ? La seule différence entre les vrais et les faux amis est celle-ci précisément : les uns prennent part à nos peines, les autres se bornent à partager notre prospérité. Cesse donc, je t'en conjure, de me parler ainsi ; abandonne ces récriminations qui ne procèdent aucunement de la charité.

Si, en t'exprimant ces pensées, je froisse encore ta susceptibilité, songe que, dans l'imminence du péril où je me trouve, dans la désespérante incertitude de ma vie quotidienne, je dois m'inquiéter de mon salut et chercher à l'assurer pendant qu'il en est encore temps. Si tu m'aimes vraiment, tu comprendras mon souci. Bien plus, si tu nourrissais une espérance sincère dans la miséricorde divine à mon égard, tu souhaiterais d'autant plus ardemment me voir affranchi des tristesses de cette vie que tu les sais plus intolérables.

Tu ne l'ignores pas : celui qui me délivrera de cette existence m'arrachera aux pires tourments. Je ne sais quelles peines me sont réservées après la mort mais je sais bien à quoi j'échapperai en mourant ! La fin d'une vie malheureuse est toujours douce. Quiconque compatit véritablement à l'angoisse d'autrui et y participe de cœur désire qu'elle prenne fin. Dût-il en souffrir, celui qui aime véritablement un malheureux est moins attentif à son bien propre qu'à celui de cet être cher. C'est ainsi qu'une mère en vient à désirer que la mort mette un terme aux trop longues souffrances de son fils incurable : elle n'en peut plus de le voir souffrir, et préfère le perdre plutôt que de prolonger ce supplice. Quelque douce que soit la présence d'un ami, nous aimons mieux le savoir heureux loin de nous que misérable à nos côtés : ne pouvant le soulager dans son malheur, nous ne supportons pas d'en être témoins.

Il ne t'est pas donné, certes, de jouir de ma présence, si misérable qu'elle soit. Mais, puisque dans ton bonheur il n'y a plus de place pour moi, pourquoi donc, je me le demande, préfères-tu pour moi, à la joie de mourir, la douleur de prolonger cette vie ? Si, pour ton agrément personnel, tu désires la continuation de mes infortunes, tu agis envers moi en ennemie plus qu'en amoureuse. Si tu veux éviter que je ne te considère ainsi, cesse, je t'en supplie encore, de te plaindre.

Je t'approuve, par contre, lorsque tu repousses mes éloges. Tu montres par là que tu en es vraiment digne. Il est écrit : "Le juste est le premier de ses propres accusateurs" et : "Quiconque s'humilie s'élève." Puisse ton âme être d'accord avec ta plume ! S'il en est vraiment ainsi, ton humilité est trop sincère pour s'être évanouie au souffle de mes paroles.

Mais prends garde, je t'en conjure, de chercher la louange en paraissant la fuir, et de réprouver en paroles ce que tu désirerais au fond du cœur. Saint Jérôme, à ce sujet, écrit à la moniale Eustochie : "La nature nous pousse au mal. Nous écoutons avec plaisir les flatteries et, tout en proclamant notre indignité, en rougissant d'une pudeur apprise, nous tressaillons intérieurement de joie."

Telle est la conduite de l'aimable Galatée, dont Virgile nous dépeint la coquetterie sournoise : sa fuite même témoignait de son désir ; feignant de repousser un amant, elle l'excitait à cette poursuite,

elle fuit vers les saules, mais désire être vue auparavant.

Elle désire être vue avant de disparaître dans cette cachette, et la fuite par laquelle elle semble se dérober aux embrassements du jeune homme lui est un moyen de se les assurer. C'est ainsi qu'en paraissant fuir les louanges, nous les provoquons d'autant mieux ; en feignant de nous cacher pour dissimuler ce que nous avons de louable, nous appelons les éloges des dupes aux yeux de qui nous n'en semblons que plus dignes.

Je te signale les effets de cette duplicité parce qu'elle est très fréquente, non parce que je t'en soupçonne : je ne doute pas de ton humilité. Je tiens seulement à refréner tes excès de langage, de peur que tu ne paraisses, à ceux qui te connaissent mal, "chercher la gloire en la fuyant", comme dit saint Jérôme.

Jamais je ne t'adresserai de louanges destinées à enfler ta vanité, mais seulement à t'exciter à plus de vertu encore. Ce qu'en toi j'aurai trouvé de louable, tu le cultiveras avec une ardeur égale à ton désir de me plaire. Mes éloges ne sont pas un certificat de piété dont tu puisses t'enorgueillir : il ne faut pas accorder plus de crédit aux éloges d'un ami qu'aux blâmes d'un ennemi.

J'en viens maintenant à cette vieille plainte que sans cesse tu reprends, au sujet des circonstances de notre entrée en religion : tu la reproches à Dieu, au lieu de l'en glorifier, comme il serait juste de le faire. Les desseins de la Providence divine, avais-je pensé, sont, en ce qui nous concerne, si manifestes que toute amertume doit être depuis longtemps dissipée. Ce sentiment, qui te ronge peu à peu le corps même et l'esprit, est pour toi d'autant plus dangereux que plus avilissant, et plus injuste envers moi. Tu t'efforces, me dis-tu, de me plaire en tout. Soit. Mais si tu veux m'éviter au moins les pires souffrances (sinon mériter parfaitement mes bonnes grâces !) rejette cette amertume, qui ne saurait que me peiner, et ne t'aide en rien à gagner avec moi la béatitude éternelle. Supporterais-tu que j'y parvinsse sans toi ? Tu déclares que tu voudrais me suivre jusqu'aux abîmes de Vulcain ! Demande donc au Ciel la vertu de piété, ne serait-ce que pour n'être pas séparée de moi qui déjà m'approche, comme tu dis, de Dieu. Suis-moi plutôt dans cette voie-là, et fais-y montre d'une générosité d'autant plus grande qu'un bonheur plus complet nous attend au terme du voyage ! La douceur n'en aura d'égal que celle de tenter l'aventure ensemble.

Rappelle-toi ce que tu as dit ; souviens-toi de ce que tu as écrit au sujet des circonstances de notre entrée en religion : il apparaît aujourd'hui que Dieu, loin de s'y être montré cruel envers moi, m'y fut au contraire propice. Soumets-toi donc à ses arrêts, puisque du moins ils me sont salutaires : ils te le sont aussi, tu le reconnaîtras le jour où ta douleur cessera de se rebeller contre la raison. Cesse de te plaindre d'avoir été la cause d'un si grand bien : tu n'as pas le droit de douter que Dieu t'a créée dans ce but ! Ne pleure plus sur mon épreuve, ou bien pleure alors sur les souffrances de tous les martyrs, et sur la mort de Notre-Seigneur. Si j'avais mérité ce châtiment, le supporterais-tu donc d'un cœur plus léger, et t'émouvrait-il moins ? Mais non ! S'il en était ainsi, mon malheur te toucherait d'autant plus qu'il serait plus honteux pour moi et plus glorieux pour mes ennemis : ceux-ci jouiraient du prestige des justiciers, je n'aurais pour ma part que culpabilité et mépris ; nul ne songerait à les accuser de crime ni à me prendre moi-même en pitié.

Cependant, pour adoucir l'amertume de ta douleur, je tiens à te prouver que cette épreuve me fut utile, et que la vengeance de Dieu s'exerça avec plus de justice après notre mariage qu'elle ne l'eût fait durant notre liaison illégitime.

Peu de temps après que nous eûmes reçu le sacrement, tu t'en souviens, tu étais alors retirée au couvent d'Argenteuil, je vins un jour te voir en secret : ma concupiscence, déchaînée, se satisfit avec toi dans un coin du réfectoire, faute d'un autre endroit où nous livrer à ces ébats. Tu te souviens, dis-je, que nous ne fûmes pas retenus par la majesté de ce lieu consacré à la Vierge. Si même nous n'eussions pas commis d'autre crime, celui-là n'était-il pas digne du pire des châtiments ? A quoi bon rappeler nos anciennes souillures, et les fornications dont nous fîmes précéder le mariage ? La honteuse trahison dont je me rendis coupable envers ton oncle, dans la maison duquel je vivais en familier, lorsque, impudemment, je te séduisis ? Qui donc oserait trouver injuste que j'aie été trahi à mon tour par celui que j'avais, le premier, outrageusement trahi ? Penses-tu que la brève douleur physique qui me fut imposée ait suffi à venger de tels crimes ? Bien plutôt : de tels péchés méritaient-ils tant d'indulgence ? Quelle blessure, crois-tu donc, expierait devant la Justice divine la profanation d'un lieu consacré à Sa Mère ? Certes, si je ne me trompe, mes péchés auront moins été expiés par une aussi salutaire blessure que par mes épreuves actuelles.

Tu te souviens aussi que, lorsque durant ta grossesse je t'envoyai en Bretagne, tu te déguisas, pour le voyage, en religieuse et, par cette simulation, tu te jouas de la profession qui maintenant est la tienne. Vois donc combien la justice, ou plutôt la grâce divine a eu raison de te pousser malgré toi dans cet état que tu n'as pas craint de tourner en dérision. Elle a voulu que tu expiasses dans l'habit même que tu avais profané ; que la vérité de l'effet remédiât au mensonge et réparât la fraude.

Telles ont été les voies de la justice divine. Mais plus encore : considère notre propre intérêt, et tu devras reconnaître qu'en tout ceci Dieu a fait en nous, mieux que de justice, œuvre de grâce. Pense donc, ma très chère, pense à quelle profondeur les filets de la miséricorde divine nous ont repêchés dans cette mer périlleuse ; dans quel Charybde dévorant ils nous ont retirés, malgré nous, du naufrage ! Nous pouvons bien nous écrier, l'un et l'autre : "Le Seigneur s'inquiète de moi." Pense, pense encore aux dangers qui nous environnaient et dont le Seigneur nous a fait sortir. Ne cesse pas de rendre grâces, en commémorant tout ce qu'il a fait pour nos âmes. Console, par notre exemple, les pécheurs qui désespèrent de Sa bonté : ils comprendront toutes les grâces qu'elle accorde à ceux qui l'invoquent et la prient, en voyant les bienfaits dont elle combla des pécheurs endurcis. Songe aux mystérieux desseins que la divine Providence réalisa en nous ; avec quelle miséricorde le Seigneur a fait, de son œuvre justicière, un moyen de régénération ; avec quelle sagesse il s'est servi des méchants eux-mêmes pour changer en piété l'impiété, et comment une blessure unique, infligée par justice à mon corps, a guéri nos deux âmes.

Compare, au danger couru, le mode de notre délivrance. Compare, au remède, la maladie. Examine ce qu'avaient mérité nos fautes, et admire les effets de la bonté divine. Tu sais à quelles turpitudes ma concupiscence effrénée avait amené nos corps. Ni la pudeur ni le respect de Dieu ne m'arrachaient, même durant la semaine sainte, même au jour des plus grandes solennités religieuses, au bourbier où je me roulais. Tu refusais, tu résistais de toutes tes forces, tu essayais de la persuasion. Mais, profitant de la faiblesse de ton sexe, je forçai plus d'une fois ton consentement, par des menaces et des coups. Mon désir de toi avait tant d'ardeur que ces misérables et obscènes plaisirs (je n'ose plus même aujourd'hui les nommer !) passaient pour moi avant Dieu, avant moi-même. La clémence divine pouvait-elle me sauver autrement qu'en me les interdisant à jamais ?

L'indigne trahison commise par ton oncle fut donc un effet de justice et de clémence souveraines : diminué de cette partie de mon corps qui était le siège des désirs voluptueux, la cause première de toute concupiscence, je pus croître de toutes autres manières. Celui de mes membres qui seul avait péché expia dans la douleur ses jouissances peccamineuses : n'était-ce pas toute justice ? Tiré des saletés où je me plongeais comme dans la fange, j'ai été circoncis de corps et d'esprit. Je devins ainsi d'autant plus apte au service des autels qu'aucune contagion charnelle ne pouvait désormais m'atteindre et me souiller. Vois de quelle clémence je fus l'objet : je n'eus à souffrir que dans le membre dont la privation servirait au salut de mon âme ; toute mutilation visible me fut épargnée, qui m'aurait gêné dans l'accomplissement de mes devoirs publics. L'exercice, au contraire, de tâches honnêtes m'a été facilité, dans la mesure même où je fus affranchi du joug si lourd de la concupiscence.

La grâce divine m'a purifié, plutôt qu'elle ne me mutila, en me privant d'un membre si vil que la honte attachée à sa fonction lui vaut l'appellation de "parties honteuses", et que nul n'ose le désigner par son nom. A-t-elle fait autre chose qu'écarter de moi l'impureté du vice, afin de préserver mon innocence spirituelle ? On raconte que plusieurs sages fameux, désireux de conserver leur pureté intérieure, portèrent la main sur eux-mêmes, effaçant ainsi de leur vie la tache de la concupiscence. L'apôtre, tu le sais, demanda à Dieu de l'affranchir de cet "aiguillon de la chair". Il ne fut pas exaucé ; mais le grand philosophe chrétien

Origène nous propose un illustre exemple : pour éteindre les feux dont il brûlait, il ne craignit pas de se mutiler. Il avait pris dans le sens littéral le texte biblique qui déclare bienheureux ceux qui "se sont châtrés en vue d'obtenir le royaume des cieux" ; l'on ne saurait autrement, lui semblait-il, accomplir le précepte du Seigneur nous prescrivant de couper et de rejeter le membre par où nous vient le scandale. Il interprétait historiquement, et non de façon allégorique, la prophétie d'Isaïe dans laquelle il est affirmé que le Seigneur préfère les eunuques aux autres fidèles : "Les eunuques qui observeront le sabbat et accompliront ma volonté auront une place dans ma maison et dans mes murs. Je leur donnerai un nom meilleur que celui de fils et de filles. Je leur donnerai un nom éternel, qui ne périra pas."

Origène commit pourtant une faute grave en cherchant, dans une mutilation volontaire, le remède à son péché. Animé d'un zèle imprudent aux yeux de Dieu, il a encouru l'accusation d'homicide, en portant la main sur son propre corps. Il céda à une tentation diabolique et commit une erreur insigne, en exécutant de lui-même ce que la bonté divine fit exécuter sur moi par la main d'un autre.

Loin de démériter, j'évite toute faute. Je mérite la mort, et Dieu me donne la vie, Il m'appelle, je résiste, je persiste dans mon crime ; Il m'amène au pardon malgré moi. L'apôtre prie, et n'est pas exaucé. Il insiste, et n'obtient rien. Vraiment, "le Seigneur s'inquiète de moi" ! J'irai donc partout raconter "les merveilles que Dieu a faites pour mon âme". Viens donc, ô mon inséparable compagne, t'unir à mon action de grâces, toi qui participas à ma faute et à mon pardon.

Car Dieu n'a pas oublié de te sauver aussi. Il n'a cessé de penser à toi. Par une sorte de saint présage, il t'a désignée depuis toujours comme devant être sienne, en te marquant, toi Héloïse, de son propre nom d'Eloïm ! Tandis que le démon s'efforçait de nous perdre tous deux par l'un seul de nous, sa clémence décréta que notre salut commun serait de même opéré par un seul. Peu de temps avant l'attentat, l'indissoluble sacrement du mariage nous avait unis. A l'heure même où, éperdu d'amour, j'aspirais à te retenir pour toujours auprès de moi, Dieu saisissait cette occasion de nous ramener ensemble à lui. Si le lien conjugal ne nous eût précédemment enchaînés, les conseils de tes parents et l'attrait des voluptés charnelles t'eussent, après ma retraite, aisément retenue dans le siècle. Songe à quel point Dieu a pris soin de nous : il semble nous avoir réservés pour quelque grande œuvre, et s'être douloureusement indigné de voir les trésors de science, qu'il nous avait confiés à l'un et à l'autre, autrement exploités qu'à l'honneur de son nom. Il semble avoir redouté les passions trop violentes de son méprisable serviteur, selon qu'il est écrit : "Les femmes font apostasier même les sages." Salomon, le Sage des sages, est la preuve vivante de cette vérité.

Le trésor de ta sagesse fructifie tous les jours avec abondance pour le Seigneur : déjà tu Lui as donné de nombreuses filles spirituelles, alors que moi, je demeure stérile, peinant en vain parmi des fils de perdition ! Quelle déplorable perte, quel malheur pitoyable, si, livrée aux souillures du plaisir, tu ne faisais que donner dans la douleur quelques enfants au monde, au lieu de cette riche famille que, dans la joie, tu présentes au ciel ; si tu n'étais qu'une femme, au lieu de surpasser, comme tu le fais aujourd'hui, les hommes eux-mêmes, ayant, de la malédiction d'Eve, tiré la bénédiction de Marie ! Quelle indécence, si tes mains consacrées, occupées maintenant à feuilleter les livres saints, étaient réduites aux vulgaires travaux féminins ! Dieu a daigné lui-même nous arracher à ces contacts infamants, nous extraire du bourbier des voluptés, et nous élever à lui par la même sorte de violence dont il frappa saint Paul pour le convertir. Peut-être aussi a-t-il voulu que notre exemple détournât d'une science présomptueuse la foule des lettrés.

Ne t'afflige donc pas, ma sœur, de ce coup, je t'en conjure. Ne nourris pas d'amertume envers le Père qui nous châtie si paternellement. Songe à ces mots de l'Ecriture : "Dieu corrige ceux qu'il aime. Il châtie tous ceux qu'il adopte comme enfants." Et ailleurs : "Qui épargne la verge n'aime pas son fils." Cette peine est passagère, non éternelle. Elle tend à purifier, non à damner. Ecoute le prophète, et prends courage : "Le Seigneur ne jugera pas deux fois une même faute, et le châtiment ne se répétera pas." Médite cette exhortation suprême et si grave de la Vérité : "Dans la patience, vous posséderez votre âme." D'où cette maxime de Salomon : "L'homme patient vaut mieux que l'homme fort, et celui qui domine son âme, mieux que celui qui prend des villes."

N'es-tu pas émue jusqu'aux larmes, pénétrée de componction, en pensant que le Fils unique de Dieu, malgré son innocence, a été, pour toi-même et pour le monde, arrêté par les impies, traîné, flagellé, insulté, la face voilée, souffleté, couvert de crachats, couronné d'épines, suspendu enfin entre deux voleurs au gibet ignominieux de la croix, et livré à la mort la plus horrible, la plus exécrable ? Que tes yeux, que ton cœur ne cessent de contempler en lui, ma sœur, ton unique Epoux et celui de toute l'Eglise. Regarde-le, qui s'avance, pour toi, vers le supplice, portant sa propre croix Mêle-toi au peuple, aux femmes qui pleurent et se lamentent sur son sort, comme le raconte saint Luc : "Une grande foule le suivait, et des femmes qui le pleuraient en gémissant." Se retournant vers elles, plein de compassion, il leur annonça la vengeance qui, bientôt, serait tirée de sa mort, mais à laquelle elles échapperaient elles-mêmes en suivant sagement ce conseil : "Filles de Jérusalem, ne pleurez pas sur moi, mais sur vous-mêmes et sur vos enfants ! Le jour vient, en effet, où l'on dira : Bienheureuses les stériles ; heureux les ventres qui n'ont pas enfanté, et les seins qui n'ont pas allaité ! Alors, on dira aux montagnes : Tombez sur nous ; et aux collines : Recouvrez-nous.

Car si l'on agit ainsi envers le bois vert, que fera-t-on du bois sec ?"

Compatis à celui qui, volontairement, a souffert pour te racheter ; que sa croix soit la cause de ta douleur. Demeure en esprit auprès de son sépulcre, et partage le deuil et les pleurs des femmes fidèles dont, comme je te le rappelais, il est écrit : "Les femmes assises devant le tombeau se lamentaient et pleuraient le Seigneur." Prépare avec elles les aromates de l'embaumement, mais des aromates meilleurs, spirituels, et non matériels : car c'est ceux-là qu'il exige aujourd'hui, non plus les autres. Que toute ta piété se concentre sur ce devoir.

Dieu lui-même nous invite à cultiver de tels sentiments, quand, s'adressant à ses fidèles, il leur dit par la bouche de Jérémie : "O vous tous qui passez sur le chemin, considérez, et voyez s'il est une douleur semblable à ma douleur." C'est-à-dire : peut-on s'apitoyer sur une autre souffrance que la mienne, lorsque, seul pur de tout péché, j'expie les péchés du monde ? Or le Christ est la voie par où les fidèles, rentrant d'exil, regagnent leur patrie. Il a lui-même élevé pour nous, comme une échelle, la croix du haut de laquelle il nous crie cet appel. Ce Fils unique de Dieu, s'étant librement offert, est mort pour toi. C'est sur lui seul qu'il faut te lamenter et gémir, gémir et te lamenter. Accomplis la parole de Zacharie, invoquant les âmes dévotes "Elles pleureront comme à la mort d'un fils unique, et se lamenteront sur lui comme on le fait sur la mort d'un premier-né."

Considère, ma sœur, l'affliction des sujets fidèles d'un roi, lorsque celui-ci perd son fils unique, son premier-né ; considère la douleur de la famille, la tristesse de la cour entière ; et plus encore les déchirants, les intolérables sanglots de l'épouse du défunt. Telle doit être ton affliction, ma sœur, tels doivent être tes sanglots, toi qu'un bienheureux mariage unissait à cet Epoux divin. Il a payé ta dot, non à prix d'argent, mais au prix de lui-même. De son propre sang, il t'a achetée et rachetée. Vois les droits qu'il a sur toi, et combien tu lui es précieuse.

L'apôtre, pensant au prix de notre rédemption, et le comparant à la valeur réelle de ceux pour qui il fut offert, mesure notre dette de reconnaissance : "Loin de moi, dit-il, l'idée de me glorifier autrement que dans la croix de Notre-Seigneur Jésus-Christ, par qui le monde a été crucifié pour moi, et moi pour le monde."

Tu es plus grande que le ciel, plus grande que le monde, toi dont le Créateur du monde s'est fait la rançon. Qu'a-t-il donc vu en toi, je te le demande, lui à qui rien ne fait défaut, pour que, dans le seul but de t'acquérir, il ait lutté jusqu'à l'agonie d'une mort si horrible et ignominieuse ? Qu'a-t-il cherché d'autre en toi, dis-je, que toi-même ? C'est lui l'amant véritable, qui ne désire que toi, et non ce qui est à toi ; l'amant véritable qui, au moment de mourir pour toi, déclarait : "Il n'est pas de plus grand amour que de donner sa vie pour ceux qu'on aime." C'est lui qui t'aimait véritablement, et non moi. Mon amour, qui nous entraîna tous deux dans le péché, appelons-le concupiscence, non amour. J'assouvissais en toi mes misérables passions : voilà tout ce que j'aimais ! J'ai souffert, dis-tu, pour toi. Peut-être est-ce vrai. Mais il serait plus juste de dire que j'ai souffert par toi, contre mon gré. Non par amour pour toi, mais par contrainte. Non pour ton salut, mais par ta douleur. C'est pour ton salut, au contraire, que le Christ a volontairement subi cette passion par laquelle il guérit en nous toute langueur et réprime toute souffrance. Porte vers lui, je t'en conjure, et non plus vers moi, toute ta piété, toute ta compassion, toute ta douleur. Déplore l'iniquité si cruelle commise envers son innocence, et non la juste vengeance qui m'atteignit et nous fut à tous deux, je le répète, la plus grande des grâces.

Tu es injuste de ne pas aimer l'équité ; plus injuste encore, de t'opposer sciemment à la volonté bienfaisante de Dieu. Pleure ton Sauveur, et non ton corrupteur ; ton Rédempteur, et non l'auteur de ta souillure ; le Seigneur mort pour toi, non son serviteur toujours vivant et qui vient à peine d'être délivré de la mort éternelle ! Prends garde, je t'en prie, qu'on ne puisse t'appliquer, à ta plus grande honte, les vers que dit Pompée à Cornélie, dans son affliction :

Après la bataille, le Grand Pompée vit encore
Mais sa fortune a péri : ce que tu pleures,
C'est donc là ce que tu aimas !

Songes-y, je t'en supplie. Tu te couvrirais d'ignominie en refusant de condamner l'impudence de nos anciennes turpitudes ! Supporte donc, ma sœur, supporte patiemment, c'est moi qui t'en prie, les effets de la miséricorde divine sur nous. C'est la verge d'un père qui nous a frappés, non l'épée d'un bourreau. Un père châtie pour corriger, de peur qu'un ennemi irrité ne vienne infliger la mort. Il blesse pour sauver la vie, non pour l'enlever ; il tranche avec le fer les germes du mal. Il blesse le corps et guérit l'âme. Il aurait dû donner la mort, il vivifie. Il coupe les chairs atteintes, et rend la santé à l'organisme. Il punit une fois pour ne pas avoir à punir toujours. Un seul être souffre de cette blessure, et deux sont arrachés à la mort. Il y avait deux coupables, un seul est puni. La bonté divine a eu pitié de la faiblesse de ton sexe, et, jusqu'à un certain point, cela est juste aussi. La nature en effet, qui t'avait créée plus faible physiquement, t'avait mieux armée contre l'incontinence, et ta culpabilité était moindre. Je rends grâces au Seigneur qui t'affranchit alors de la peine et te réserva pour la couronne. Une seule douleur, infligée à mon corps, refroidit d'un coup toutes les ardeurs concupiscentes dont je brûlais immodérément, et me préserva de toute rechute. Quant à toi, dont la jeunesse était assaillie par les suggestions passionnées de la chair, tu fus réservée à la gloire des martyrs. Tu te refuses à entendre cette vérité ; tu m'interdis de l'énoncer ; elle n'en est pas moins manifeste. La couronne est destinée à celui qui combat sans relâche, et nul ne la recevra, qui n'ait "lutté jusqu'au bout".

Pour moi, aucune couronne ne m'attend car je n'ai plus de combat à soutenir. A qui l'on a retiré l'aiguillon de la concupiscence, manque l'élément du combat. Pourtant, si je n'ai pas de couronne à recevoir, je tiens pour un grand privilège de pouvoir éviter le châtiment, puisqu'une souffrance passagère m'aura sans doute préservé des peines éternelles. Des hommes en effet qui, semblables aux bêtes, s'abandonnent à leur misérable vie sensuelle, il est écrit que "les animaux pourrissent sur leur ordure".

Je ne me plains pas de ce que mes mérites ont décru, sachant bien que les tiens augmentent. Nous sommes un dans le Christ, une seule chair par la loi du mariage. Rien de ce qui te concerne ne me semble étranger. Or le Christ est à toi, qui es devenue son épouse. Et voici que tu m'as pour serviteur, comme je te l'ai dit plus haut, moi qu'autrefois tu tenais pour ton maître. Mais un amour spirituel plus que la crainte m'attache à ton service. Ton patronage auprès du Christ me donne la confiance d'obtenir par ta prière ce que je ne peux obtenir par la mienne, aujourd'hui surtout que l'imminence du danger et des bouleversements de toute sorte m'empêchent et de vivre et de prier librement. Il me devient impossible d'imiter ce bienheureux eunuque qui, personnage puissant à la cour de Candace, reine d'Ethiopie, et préposé à ses trésors, vint de si loin adorer à Jérusalem. A son retour, un ange lui envoya l'apôtre Philippe pour le convertir à la foi, comme il l'avait mérité par sa prière et par son assiduité à lire l'Ecriture. Quoique riche et païen, il évitait même pendant le voyage de délaisser cette sainte occupation, et la grâce divine permit dans sa bienveillance qu'ainsi le passage du Livre qu'il avait sous les yeux fournît à l'apôtre l'occasion la plus favorable d'opérer sa conversion.

Je ne voudrais pas que rien t'empêchât encore d'accueillir ma demande, ou te fît différer d'y satisfaire. Aussi ai-je rapidement composé une prière que tu réciteras à mon intention. Je te l'envoie ci-joint.

PRIÈRE

"Dieu, qui, dès l'origine de la création, en tirant la femme d'une côte de l'homme, instituas le grand sacrement de mariage, puis l'élevas à une dignité admirable en naissant d'une femme mariée et en inaugurant lors d'une fête nuptiale la série de tes miracles ; toi qui, à la fragilité de mon incontinence, te plus jadis à accorder ce remède, ne repousse pas les prières que ta petite servante répand humblement devant ta divine majesté, pour ses propres péchés et pour ceux de son bien-aimé.

"Pardonne, ô Dieu bon, ô bonté même ; pardonne-nous tant de crimes si grands, et que l'immensité de ta miséricorde ineffable se mesure à la multitude de nos fautes. Punis, je t'en conjure, les coupables en ce monde, afin de les épargner dans l'autre. Punis-les dans le temps, afin de ne les punir pas dans l'éternité. Prends contre tes serviteurs la verge de la correction, non l'épée de la colère. Afflige la chair pour conserver les âmes. Montre-toi pacificateur, non vengeur ; miséricordieux plutôt que juste ; père bienveillant, et non maître sévère. "Eprouve-nous, Seigneur, et tente-nous, comme le prophète le demande pour lui-même, lorsqu'il te prie à peu près en ces termes : Commence par examiner nos forces, et mesure selon elles le fardeau des tentations. C'est ce que saint Paul promet à tes fidèles, lorsque à son tour il écrit : Le Dieu tout-puissant ne souffrira pas que vous soyez tentés au-delà de vos forces, mais il accroîtra celles-ci en même temps que la tentation, afin que vous puissiez la supporter.

"Tu nous as unis, puis séparés, ô Seigneur, quand il T'a plu et de la manière qui T'a plu. Ce que Ta miséricorde, Seigneur, a ainsi commencé, achève-le maintenant avec plus de miséricorde encore ; et ceux que Tu as, pour peu de temps, séparés sur la terre, unis-les en Toi dans l'éternité du ciel, Toi notre espérance, notre attente, notre consolation, Seigneur béni dans tous les siècles. Amen."

Salut dans le Christ, épouse du Christ. Dans le Christ sois forte. Vis par le Christ. Amen.

BIBLIOGRAPHIE SOMMAIRE

LES ÉCRITS D'ABÉLARD ET D'HÉLOÏSE

COUSIN (V.), *Ouvrages inédits d'Abélard*, Paris, 1836.
Petri Abaelardi Opera, 2 vol., Paris, 1849 et 1859. La présente traduction a été faite sur ce texte.

GANDILLAC (M. de), *Œuvres choisies d'Abélard*, Paris, Aubier-Montaigne, 1945.

GERVAISE (D.), *Lettres véritables d'Héloïse et d'Abélard*, Paris, Musier, 1723.

GRÉARD (O.), *Lettres complètes d'Abélard et d'Héloïse*, Paris, 1859, puis Garnier, 1934.

GUIZOT (M. et Mme), *Abailard et Héloïse*, textes traduits sur les manuscrits de la Bibliothèque royale par M. Oddoul, Paris, Didier, 1853.

MIGNE, *Patrologia latina*, tome 178, Paris.

MONTFRIN (J.), *Historia Calamitatum*, Paris, J. Vrin, 3e édition, 1967.

VECCHI (G.), *Pietro Abelardo : I "Planctus"*, Modène, 1951.

LES ÉCRITS SUR HÉLOÏSE ET ABÉLARD

CHARRIER (C.), *Héloïse dans l'histoire et dans la légende*, Paris, H. Champion, 1933. Repris : Genève, Slatkine, 1977.

Jean de Meun, traduction de la première épître de Pierre Abélard *(Historia Calamitatum)*, Paris, H. Champion, 1934.

GILSON (E.), *Héloïse et Abélard*, Paris, J. Vrin, 3e édition remaniée, 1964.

Dix variations sur un thème d'Héloïse, "Arch. d'hist. doctr. et litt. du Moyen Age", Paris, J. Vrin, 1939.

JEAUDET (Y.), *Héloïse*, Rencontre, 1966.

JOLIVET (J.), *Abélard*, Paris, Seghers, 1969.

LAMARTINE (A. de), *Héloïse et Abélard*, Paris, 1859.

LOUIS (R.), JOLIVET (J.) et CHÂTILLON (J.), *Pierre Abélard, Pierre le Vénérable*, Paris, CNRS, 1975.

MACLEOD (J.), *Héloïse*, Paris, Gallimard, 1941.

MOOS (P. von), *Mittelalterliche Forschung und Ideologiekritik*, Munich, Fink, 1974.

PERNOUD (R.), *Héloïse et Abélard*, Paris, Albin Michel, 1970.

PLISNIER (C.), *Héloïse*, Paris, Buchet-Chastel, 1952.

RÉMUSAT (C. de), *Abélard, sa vie, sa philosophie et sa théologie*, Paris, 1855.

VAILLAND (R.), *Héloïse et, Abélard*, Paris, Buchet-Chastel, 1947.

ZUMTHOR (P.), *Héloïse et Abélard*, "Revue des Sciences humaines" (90), 1958.

TABLE

BABEL

Extrait du catalogue

COÉDITION ACTES SUD-LEMÉAC

Ouvrage réalisé
par les Ateliers graphiques Actes Sud.
Achevé d'imprimer
en mai 2008
par Normandie Roto Impression s.a.s.
61250 Lonrai
sur papier fabriqué à partir de bois provenant
de forêts gérées durablement (www.fsc.org)
pour le compte des éditions
Actes Sud
Le Méjan
Place Nina-Berberova
13200 Arles.

Dépôt légal
2ᵉ édition : mai 2008
Nº d'éditeur : 1256
Nº d'impr. : 081619
(Imprimé en France)